2012 年
全国暂住人口统计资料汇编

公安部治安管理局　编

群众出版社
·北京·

图书在版编目（CIP）数据

2012年全国暂住人口统计资料汇编/公安部治安管理局编. —北京：群众出版社，2013.3
ISBN 978-7-5014-5106-7

Ⅰ.①2… Ⅱ.①公… Ⅲ.①暂住人口—人口统计—统计资料—汇编—中国—2012 Ⅳ.①C924.25

中国版本图书馆CIP数据核字（2013）第029195号

2012年全国暂住人口统计资料汇编

公安部治安管理局 编

出版发行：群众出版社
地　　址：北京市西城区木樨地南里
邮政编码：100038
经　　销：新华书店
印　　刷：北京蓝空印刷厂

版　　次：2013年3月第1版
印　　次：2013年3月第1次
印　　张：7.5
开　　本：787毫米×1092毫米 1/16
字　　数：174千字
印　　数：1~1100册

书　　号：ISBN 978-7-5014-5106-7
定　　价：30.00元

网　　址：www.qzcbs.com
电子邮箱：qzcbs@sohu.com

营销中心电话：010-83903254
读者服务部电话（门市）：010-83903257
警官读者俱乐部电话（网购、邮购）：010-83903253
公安综合分社电话：010-83901870

主　编　刘绍武
副主编　黄双全
编　辑　陈　浩　缪灵芝

编辑说明

一、《2012年全国暂住人口统计资料汇编》比较全面地反映了全国（不含香港、澳门特别行政区和台湾省）登记的暂住人口的基本状况，主要包括：暂住人口分布、就业、居住处所、来自地区等情况，是各级政府和有关部门制定暂住人口管理有关政策的重要依据，也为社会各界人士分析、研究暂住人口有关情况提供了丰富的资料。

二、本书由公安部治安管理局根据各省、自治区、直辖市公安治安、户政部门逐级上报的数据汇编而成，统计时点为2012年6月30日24时。

三、本汇编分为两部分：

1. 全国暂住人口情况；

2. 各省、自治区、直辖市暂住人口情况。

四、本汇编在数据收集、整理、汇总过程中得到全国各级公安治安、户政部门的大力支持，谨此致谢。

编　者

2012年9月

目　　录

全国暂住人口情况

各省、自治区、直辖市暂住人口情况

全国暂住人口情况

全国暂住

甲		合计	性别		暂住时间			来	
								省内	
			男	女	一个月以下	一个月至一年	一年以上	市	县
甲		1	2	3	4	5	6	7	8
合计	1	**167 522 683**	**98 475 785**	**69 046 898**	**16 998 538**	**90 880 698**	**59 643 447**	**19 814 906**	**42 629 125**
务工	2	108 189 521	65 638 091	42 551 430	7 100 495	63 086 098	38 002 928	11 170 624	26 198 742
务农	3	3 030 991	1 782 249	1 248 742	312 021	1 513 336	1 205 634	394 231	1 043 303
经商	4	12 708 935	7 718 877	4 990 058	1 389 299	5 876 402	5 443 234	2 001 326	3 571 060
服务	5	8 374 580	4 119 129	4 255 451	671 827	4 298 759	3 403 994	1 154 265	2 415 898
因公出差	6	1 280 629	869 939	410 690	846 169	310 643	123 817	235 610	370 434
借读培训	7	7 647 104	4 181 294	3 465 810	381 036	3 471 207	3 794 861	1 663 782	3 270 995
治病疗养	8	313 948	167 279	146 669	132 054	128 286	53 608	71 932	137 243
保姆	9	483 028	100 924	382 104	48 640	228 737	205 651	69 362	148 659
投靠亲友	10	3 546 124	1 605 204	1 940 920	421 285	1 773 608	1 351 231	456 032	963 984
探亲访友	11	1 258 783	649 333	609 450	432 934	548 936	276 913	209 084	365 347
旅游观光	12	3 532 124	2 118 570	1 413 554	3 114 988	315 131	102 005	681 992	632 683
其他	13	17 156 916	9 524 896	7 632 020	2 147 790	9 329 555	5 679 571	1 706 666	3 510 777

人口总数

自	地	区		居	住	处		所	
省外		港澳台	国外	旅店	居民家中	单位内部	工地现场	租赁房屋	其他
市	县								
9	10	11	12	13	14	15	16	17	18
30 824 843	**72 994 458**	**462 249**	**797 102**	**8 269 664**	**16 657 986**	**38 335 768**	**13 032 640**	**79 990 991**	**11 235 634**
19 276 671	51 339 370	95 666	108 448	1 528 623	8 564 303	27 838 412	11 250 138	54 644 692	4 363 353
434 710	1 157 705	803	239	54 435	720 751	344 495	288 421	1 266 307	356 582
2 554 699	4 315 155	87 853	178 842	1 045 757	1 755 612	1 395 182	423 025	7 227 952	861 407
1 720 062	3 069 613	5 002	9 740	192 267	838 101	1 962 265	389 344	4 540 899	451 704
302 532	341 286	10 066	20 701	895 984	54 001	160 233	20 666	123 782	25 963
932 469	1 724 314	11 086	44 458	117 716	547 508	4 368 254	88 264	1 552 825	972 537
45 133	56 069	498	3 073	56 299	57 553	95 981	2 517	62 720	38 878
101 690	162 824	156	337	4 453	271 813	32 177	5 511	140 403	28 671
647 502	1 441 682	11 978	24 946	59 050	1 440 590	178 560	51 869	1 372 843	443 212
235 470	366 887	32 346	49 649	210 639	550 215	68 680	19 438	329 404	80 407
1 286 065	744 385	70 311	116 688	3 068 459	98 929	32 532	6 994	113 605	211 605
3 287 840	8 275 168	136 484	239 981	1 035 982	1 758 610	1 858 997	486 453	8 615 559	3 401 315

市暂住

甲		合计	性别		暂住时间			来	
			男	女	一个月以下	一个月至一年	一年以上	省内	
								市	县
甲		1	2	3	4	5	6	7	8
合计	1	**146 104 526**	**84 955 346**	**61 149 180**	**15 200 495**	**79 568 183**	**51 335 848**	**17 353 182**	**35 227 376**
务工	2	94 619 696	56 532 724	38 086 972	6 361 469	55 409 008	32 849 219	9 824 414	22 203 898
务农	3	2 183 617	1 270 186	913 431	218 433	1 064 038	901 146	298 692	658 381
经商	4	10 776 346	6 518 707	4 257 639	1 252 714	5 016 958	4 506 674	1 686 209	2 836 280
服务	5	7 412 020	3 665 108	3 746 912	603 731	3 783 209	3 025 080	1 030 687	2 028 518
因公出差	6	1 149 558	778 909	370 649	765 774	277 289	106 495	204 456	318 502
借读培训	7	6 597 988	3 604 604	2 993 384	328 400	2 956 013	3 313 575	1 527 605	2 592 285
治病疗养	8	267 859	142 581	125 278	110 628	112 039	45 192	64 145	104 299
保姆	9	416 807	85 014	331 793	44 749	194 227	177 831	59 043	112 858
投靠亲友	10	2 933 860	1 338 127	1 595 733	365 557	1 516 547	1 051 756	387 037	724 731
探亲访友	11	1 008 534	515 745	492 789	332 402	436 542	239 590	161 250	239 702
旅游观光	12	3 201 454	1 907 819	1 293 635	2 807 769	296 254	97 431	611 896	541 760
其他	13	15 536 787	8 595 822	6 940 965	2 008 869	8 506 059	5 021 859	1 497 748	2 866 162

人口总数

自地区				居住处所					
省外		港澳台	国外	旅店	居民家中	单位内部	工地现场	租赁房屋	其他
市	县								
9	10	11	12	13	14	15	16	17	18
28 116 567	**64 207 888**	**442 137**	**757 376**	**7 616 110**	**13 788 519**	**32 948 542**	**9 943 107**	**72 059 979**	**9 748 269**
17 433 811	44 958 028	94 163	105 382	1 413 768	7 433 726	23 881 723	8 499 006	49 609 808	3 781 665
355 355	870 299	727	163	43 361	425 417	261 910	204 836	998 616	249 477
2 309 268	3 687 340	84 810	172 439	975 431	1 429 217	1 219 859	322 751	6 139 399	689 689
1 596 062	2 742 661	4 911	9 181	155 471	669 929	1 742 305	343 033	4 108 089	393 193
283 701	313 047	9 803	20 049	820 987	43 617	131 949	15 756	115 228	22 021
887 440	1 535 533	10 926	44 199	104 275	429 103	3 769 919	76 846	1 368 621	849 224
43 368	52 503	486	3 058	53 564	50 410	68 518	2 153	59 390	33 824
96 798	147 653	151	304	3 091	232 791	22 316	4 763	127 739	26 107
604 685	1 187 892	11 277	18 238	50 650	1 131 531	149 058	42 620	1 147 777	412 224
209 742	322 511	31 175	44 154	180 665	388 031	50 529	11 381	306 957	70 971
1 189 119	696 225	57 940	104 514	2 829 564	90 099	28 130	6 184	109 847	137 630
3 107 218	7 694 196	135 768	235 695	985 283	1 464 648	1 622 326	413 778	7 968 508	3 082 244

县暂住

		合计	性别		暂住时间			来	
								省内	
			男	女	一个月以下	一个月至一年	一年以上	市	县
甲		1	2	3	4	5	6	7	8
合计	1	**21 418 157**	**13 520 439**	**7 897 718**	**1 798 043**	**11 312 515**	**8 307 599**	**2 461 724**	**7 401 749**
务工	2	13 569 825	9 105 367	4 464 458	739 026	7 677 090	5 153 709	1 346 210	3 994 844
务农	3	847 374	512 063	335 311	93 588	449 298	304 488	95 539	384 922
经商	4	1 932 589	1 200 170	732 419	136 585	859 444	936 560	315 117	734 780
服务	5	962 560	454 021	508 539	68 096	515 550	378 914	123 578	387 380
因公出差	6	131 071	91 030	40 041	80 395	33 354	17 322	31 154	51 932
借读培训	7	1 049 116	576 690	472 426	52 636	515 194	481 286	136 177	678 710
治病疗养	8	46 089	24 698	21 391	21 426	16 247	8 416	7 787	32 944
保姆	9	66 221	15 910	50 311	3 891	34 510	27 820	10 319	35 801
投靠亲友	10	612 264	267 077	345 187	55 728	257 061	299 475	68 995	239 253
探亲访友	11	250 249	133 588	116 661	100 532	112 394	37 323	47 834	125 645
旅游观光	12	330 670	210 751	119 919	307 219	18 877	4 574	70 096	90 923
其他	13	1 620 129	929 074	691 055	138 921	823 496	657 712	208 918	644 615

人口总数

自地区				居住处所					
省外		港澳台	国外	旅店	居民家中	单位内部	工地现场	租赁房屋	其他
市	县								
9	10	11	12	13	14	15	16	17	18
2 708 276	**8 786 570**	**20 112**	**39 726**	**653 554**	**2 869 467**	**5 387 226**	**3 089 533**	**7 931 012**	**1 487 365**
1 842 860	6 381 342	1 503	3 066	114 855	1 130 577	3 956 689	2 751 132	5 034 884	581 688
79 355	287 406	76	76	11 074	295 334	82 585	83 585	267 691	107 105
245 431	627 815	3 043	6 403	70 326	326 395	175 323	100 274	1 088 553	171 718
124 000	326 952	91	559	36 796	168 172	219 960	46 311	432 810	58 511
18 831	28 239	263	652	74 997	10 384	28 284	4 910	8 554	3 942
45 029	188 781	160	259	13 441	118 405	598 335	11 418	184 204	123 313
1 765	3 566	12	15	2 735	7 143	27 463	364	3 330	5 054
4 892	15 171	5	33	1 362	39 022	9 861	748	12 664	2 564
42 817	253 790	701	6 708	8 400	309 059	29 502	9 249	225 066	30 988
25 728	44 376	1 171	5 495	29 974	162 184	18 151	8 057	22 447	9 436
96 946	48 160	12 371	12 174	238 895	8 830	4 402	810	3 758	73 975
180 622	580 972	716	4 286	50 699	293 962	236 671	72 675	647 051	319 071

暂住人口来自地区、

	合计	性别		暂住时间			来	
							省内	
		男	女	一个月以下	一个月至一年	一年以上	市	县
全国	**167 522 683**	**98 475 785**	**69 046 898**	**16 998 538**	**90 880 698**	**59 643 447**	**19 814 906**	**42 629 125**
北京市	7 602 367	4 417 388	3 184 979	597 488	4 040 957	2 963 922		
天津市	3 701 241	2 351 727	1 349 514	34 570	3 121 404	545 267		
河北省	2 010 862	1 301 395	709 467	64 422	1 191 387	755 053	312 602	645 327
山西省	1 747 614	1 152 852	594 762	163 796	799 571	784 247	290 106	662 731
内蒙古自治区	2 465 751	1 594 648	871 103	307 213	1 162 381	996 157	374 699	998 049
辽宁省	2 597 308	1 608 538	988 770	275 548	1 289 917	1 031 843	472 670	858 713
吉林省	1 031 973	601 204	430 769	105 057	407 520	519 396	260 663	428 819
黑龙江省	1 022 129	627 313	394 816	107 839	424 379	489 911	213 938	502 801
上海市	10 428 758	5 772 384	4 656 374	1 385 348	6 728 336	2 315 074		
江苏省	17 149 562	10 135 002	7 014 560	1 608 014	10 173 606	5 367 942	1 596 306	4 495 583
浙江省	23 024 823	13 126 908	9 897 915	276 250	15 909 649	6 838 924	1 978 842	2 889 079
安徽省	2 693 315	1 667 045	1 026 270	182 861	1 259 331	1 251 123	572 638	1 164 595
福建省	10 385 500	6 495 944	3 889 556	534 021	5 816 100	4 035 379	517 876	1 544 229
江西省	856 212	529 049	327 163	40 785	388 528	426 899	175 586	374 100
山东省	7 018 386	4 246 070	2 772 316	371 936	3 676 476	2 969 974	1 364 408	3 140 146
河南省	4 692 319	2 801 484	1 890 835	160 277	1 788 245	2 743 797	1 514 442	2 414 333
湖北省	3 245 146	1 861 802	1 383 344	265 431	1 175 910	1 803 805	390 025	1 837 245
湖南省	3 408 071	2 013 490	1 394 581	383 362	2 305 483	719 226	996 332	1 617 598
广东省	30 973 689	16 815 286	14 158 403	2 793 232	15 138 365	13 042 092	3 634 236	5 625 287
广西壮族自治区	2 204 814	1 363 028	841 786	436 197	1 142 554	626 063	430 682	1 092 426
海南省	752 676	465 948	286 728	87 668	331 181	333 827	120 333	192 624
重庆市	6 355 681	3 624 155	2 731 526	204 068	3 736 545	2 415 068	947 021	3 809 645
四川省	3 970 921	2 416 079	1 554 842	1 120 529	1 675 974	1 174 418	967 443	1 960 142
贵州省	1 961 159	1 173 831	787 328	134 054	721 722	1 105 383	383 017	833 741
云南省	3 125 445	2 004 986	1 120 459	293 818	1 358 232	1 473 395	384 930	1 440 898
西藏自治区	378 435	241 694	136 741	31 257	163 264	183 914	21 782	101 417
陕西省	2 319 172	1 467 815	851 357	164 830	1 177 291	977 051	447 485	939 456
甘肃省	1 836 440	1 205 893	630 547	349 162	948 624	538 654	328 129	926 243
青海省	739 291	486 775	252 516	131 779	344 527	262 985	58 319	246 567
宁夏回族自治区	259 634	186 190	73 444	15 346	142 294	101 994	48 606	70 346
新疆维吾尔自治区	7 563 989	4 719 862	2 844 127	4 372 380	2 340 945	850 664	1 011 790	1 816 985

居住处所分省情况

自地区				居住处所					
省外		港澳台	国外	旅店	居民家中	单位内部	工地现场	租赁房屋	其他
市	县								
30 824 843	**72 994 458**	**462 249**	**797 102**	**8 269 664**	**16 657 986**	**38 335 768**	**13 032 640**	**79 990 991**	**11 235 634**
2 932 120	4 534 443	33 968	101 836	256 589	1 206 483	1 600 710	834 253	3 516 207	188 125
1 279 616	2 420 685	806	134	37 834	733 754	1 171 163	576 920	843 435	338 135
303 215	748 409	133	1 176	21 743	213 548	408 643	418 904	707 692	240 332
240 051	553 642	344	740	61 622	165 539	335 874	336 573	616 509	231 497
308 678	781 490	1 801	1 034	70 589	275 862	359 460	678 191	848 788	232 861
373 788	873 386	1 733	17 018	48 850	298 603	484 256	471 220	1 138 607	155 772
140 560	197 567	135	4 229	33 440	271 447	88 697	179 410	358 359	100 620
94 715	207 097	459	3 119	58 160	190 196	97 225	176 103	348 051	152 394
2 562 302	7 505 909	119 505	241 042	299 806	264 028	1 339 802	185 254	5 996 958	2 342 910
1 987 447	9 004 107	24 827	41 292	301 676	1 504 362	4 600 441	1 322 512	8 437 873	982 698
5 232 074	12 851 158	13 651	60 019	134 936	1 012 512	5 545 557	838 483	15 037 457	455 878
349 351	604 203	803	1 725	37 007	480 054	559 187	443 963	1 041 502	131 602
1 026 000	7 251 084	21 710	24 601	57 990	1 371 030	2 591 360	656 133	5 403 933	305 054
103 150	201 666	477	1 233	10 013	85 065	277 591	123 208	310 968	49 367
876 360	1 615 173	2 930	19 369	105 460	701 114	2 887 953	765 734	2 200 054	358 071
316 158	446 320	470	596	189 725	1 212 396	1 763 479	326 044	896 435	304 240
216 526	779 307	7 444	14 599	41 807	390 025	1 048 424	135 230	1 169 835	459 825
348 978	440 674	2 194	2 295	262 295	440 013	681 393	384 705	1 268 882	370 783
7 587 592	13 853 530	184 291	88 753	290 376	1 242 827	7 571 053	818 221	19 594 102	1 457 110
214 114	465 132	1 291	1 169	404 564	304 229	278 199	181 959	890 256	145 607
174 123	262 051	1 708	1 837	53 366	105 614	87 818	147 971	308 174	49 733
356 981	1 240 277	1 486	271	21 298	1 547 900	1 835 370	552 014	1 843 868	555 231
430 519	601 682	3 868	7 267	289 892	679 041	757 697	484 934	1 510 202	249 155
299 538	444 044	280	539	21 274	227 344	212 702	312 513	1 035 939	151 387
347 045	950 969	433	1 170	62 962	551 921	461 643	276 080	1 414 639	358 200
60 655	194 381	54	146	10 128	37 636	15 552	101 414	202 261	11 444
361 148	570 161	107	815	86 083	366 073	400 883	294 164	974 440	197 529
215 498	347 307	9 409	9 854	261 056	184 337	297 476	363 224	588 501	141 846
134 066	300 194	68	77	90 349	76 835	84 834	189 719	225 128	72 426
54 119	85 607	211	745	5 873	28 686	62 497	58 357	96 423	7 798
1 898 356	2 662 803	25 653	148 402	4 642 901	489 512	428 829	399 230	1 165 513	438 004

暂住人口务工经商、

	合计	务工	务农	经商	服务
	1	2	3	4	5
全国	**167 522 683**	**108 189 521**	**3 030 991**	**12 708 935**	**8 374 580**
北京市	7 602 367	4 927 390	162 446	1 158 455	643 112
天津市	3 701 241	3 088 137	30 590	96 360	48 891
河北省	2 010 862	1 334 431	18 033	231 681	159 527
山西省	1 747 614	990 924	7 735	162 108	241 832
内蒙古自治区	2 465 751	1 466 534	62 759	259 646	245 048
辽宁省	2 597 308	1 412 743	102 028	194 601	212 837
吉林省	1 031 973	455 543	82 924	164 242	92 038
黑龙江省	1 022 129	589 547	93 766	115 458	70 915
上海市	10 428 758	3 704 552	88 890	300 329	26 063
江苏省	17 149 562	10 766 685	282 202	1 450 167	1 426 104
浙江省	23 024 823	18 648 691	151 996	667 417	562 674
安徽省	2 693 315	1 462 380	34 439	399 239	208 994
福建省	10 385 500	8 506 936	66 040	376 802	241 463
江西省	856 212	530 282	18 767	98 176	53 588
山东省	7 018 386	4 533 744	106 369	586 656	384 766
河南省	4 692 319	3 035 950	32 796	323 340	65 816
湖北省	3 245 146	1 934 627	68 052	273 767	80 729
湖南省	3 408 071	2 218 463	61 252	394 734	122 867
广东省	30 973 689	23 062 969	510 809	1 896 803	1 821 790
广西壮族自治区	2 204 814	1 013 375	36 958	192 710	107 410
海南省	752 676	386 913	30 700	59 362	73 673
重庆市	6 355 681	3 676 263	93 580	397 911	319 688
四川省	3 970 921	2 220 958	49 710	425 114	162 533
贵州省	1 961 159	1 074 792	58 351	369 187	161 047
云南省	3 125 445	2 007 870	113 093	549 647	163 656
西藏自治区	378 435	224 675	9 579	80 316	30 789
陕西省	2 319 172	1 282 081	31 361	265 099	232 340
甘肃省	1 836 440	767 002	67 597	238 879	160 115
青海省	739 291	400 878	30 054	113 314	43 842
宁夏回族自治区	259 634	152 584	15 255	41 877	32 441
新疆维吾尔自治区	7 563 989	2 311 602	512 860	825 538	177 992

探亲访友等分省情况

因公出差	借读培训	治病疗养	保　　姆	投靠亲友	探亲访友	旅游观光	其　　他
6	7	8	9	10	11	12	13
1 280 629	**7 647 104**	**313 948**	**483 028**	**3 546 124**	**1 258 783**	**3 532 124**	**17 156 916**
78 266	191 203	16 787	45 157	116 481	66 759	73 413	122 898
874	59 980	459	2 014	81 830	15 311	141	276 654
2 076	76 314	1 658	3 387	39 954	8 768	1 141	133 892
14 551	32 192	4 309	3 268	31 519	15 509	17 252	226 415
9 416	96 306	5 075	6 186	77 051	21 651	22 450	193 629
10 483	128 531	6 503	13 270	56 520	22 039	27 514	410 239
11 119	38 139	2 529	7 180	53 690	15 909	13 763	94 897
6 659	14 764	1 705	4 697	31 016	10 117	12 329	71 156
4 535	172 383	3 979	10 513	539 437	95 104	14 687	5 468 286
156 323	720 507	33 481	34 250	574 367	91 350	82 148	1 531 978
23 260	464 994	17 681	15 806	112 441	41 102	49 970	2 268 791
11 128	225 468	5 604	12 494	116 133	24 336	9 317	183 783
9 661	510 104	1 933	18 979	61 043	21 443	18 270	552 826
2 704	89 468	630	3 999	8 550	2 676	1 517	45 855
32 728	911 798	4 755	11 322	70 236	41 746	18 347	315 919
31 947	659 698	7 757	4 433	74 086	41 801	17 133	397 562
6 587	253 523	2 837	4 276	81 703	18 670	13 366	507 009
15 990	323 314	8 478	13 836	43 908	20 508	16 253	168 468
115 821	725 095	30 029	185 890	717 047	257 704	124 418	1 525 314
19 270	178 139	444	4 798	51 768	18 777	296 206	284 959
9 379	12 860	13 637	5 874	16 590	8 309	30 099	105 280
45 573	831 090	50 761	6 823	236 581	101 407	15 649	580 355
96 575	329 234	20 200	23 129	154 258	100 836	96 933	291 441
4 380	58 041	2 868	7 953	38 445	10 176	5 641	170 278
4 965	49 923	1 255	8 211	34 829	14 559	17 077	160 360
889	1 216	1 703	2 697	7 692	3 664	3 696	11 519
10 464	234 012	6 666	13 443	27 516	12 107	27 501	176 582
24 121	172 035	4 093	4 858	28 747	28 132	195 492	145 369
10 977	11 197	1 991	1 022	8 924	4 573	76 625	35 894
1 158	2 861	357	165	1 570	316	3 587	7 463
508 750	72 715	53 784	3 098	52 192	123 424	2 230 189	691 845

暂住旅店

	合计	务工	务农	经商	服务
	1	2	3	4	5
全国	**8 269 664**	**1 528 623**	**54 435**	**1 045 757**	**192 267**
北京市	256 589	44 027	1 450	56 183	10 369
天津市	37 834	26 570	139	447	270
河北省	21 743	8 761	209	2 051	3 797
山西省	61 622	15 214	228	3 984	3 753
内蒙古自治区	70 589	16 542	159	8 821	5 338
辽宁省	48 850	6 197	539	6 446	2 340
吉林省	33 440	4 452	600	4 052	3 087
黑龙江省	58 160	20 839	603	7 283	1 697
上海市	299 806	743	4	11 201	56
江苏省	301 676	31 897	2 146	44 246	11 989
浙江省	134 936	20 625	104	31 201	5 794
安徽省	37 007	10 063	490	5 448	3 633
福建省	57 990	4 211	156	17 210	1 503
江西省	10 013	1 798	296	1 868	2 198
山东省	105 460	33 020	5 125	14 959	10 946
河南省	189 725	69 743	2 452	20 977	3 281
湖北省	41 807	8 945	247	8 391	5 122
湖南省	262 295	168 888	647	21 435	5 258
广东省	290 376	53 429	5 746	57 297	16 794
广西壮族自治区	404 564	40 534	125	9 993	7 204
海南省	53 366	4 754	90	3 576	618
重庆市	21 298	4 293	1 257	1 974	1 426
四川省	289 892	45 258	804	24 540	7 290
贵州省	21 274	4 917	1 815	3 838	2 476
云南省	62 962	28 538	475	9 901	6 446
西藏自治区	10 128	2 478	23	1 937	903
陕西省	86 083	20 460	305	4 817	8 446
甘肃省	261 056	6 618	740	7 602	5 321
青海省	90 349	6 224	43	10 357	931
宁夏回族自治区	5 873	388		184	241
新疆维吾尔自治区	4 642 901	818 197	27 418	643 538	53 740

人员情况

因公出差	借读培训	治病疗养	保姆	投靠亲友	探亲访友	旅游观光	其他
6	7	8	9	10	11	12	13
895 984	**117 716**	**56 299**	**4 453**	**59 050**	**210 639**	**3 068 459**	**1 035 982**
36 864	13 502	3 770	36	6 416	17 850	57 330	8 792
226	75	2	11	45	45	19	9 985
962	1 349	37	67	1 847	306	433	1 924
10 335	1 346	677	340	984	1 590	13 871	9 300
6 721	1 545	315	40	1 704	2 065	19 534	7 805
5 524	943	400	73	1 164	2 238	19 962	3 024
4 350	711	164	93	346	3 493	10 178	1 914
4 817	341	485	11	1 034	1 398	11 506	8 146
710	97	462			208	889	285 436
97 726	12 111	3 089	456	3 953	12 942	51 755	29 366
16 837	3 675	143	7	776	3 837	43 109	8 828
3 506	1 553	400	196	1 695	1 582	3 976	4 465
2 089	2 747	44	48	443	2 410	16 877	10 252
1 315	245	22	3	262	224	1 335	447
16 147	5 914	165	123	1 401	2 666	10 041	4 953
21 275	9 806	1 658	127	2 651	9 291	12 214	36 250
3 570	4 374	194	14	449	1 073	4 012	5 416
7 902	6 798	1 004	112	2 402	3 988	12 560	31 301
37 310	8 431	1 556	1 252	5 927	15 654	65 584	21 396
17 861	3 135	83		166	8 468	290 219	26 776
6 320	224	181		1 871	451	14 160	21 121
617	1 477	90		80	1 264	5 009	3 811
79 616	4 979	4 242	504	4 905	11 943	82 630	23 181
1 251	605	72	26	526	485	2 859	2 404
929	461	198	97	1 234	1 922	6 103	6 658
432	72	216	2	162	206	2 495	1 202
3 961	992	1 056	171	563	2 612	21 740	20 960
20 422	5 356	438	32	356	16 500	193 103	4 568
8 578	104	312	85	206	862	61 132	1 515
811	521	50		8	15	3 562	93
477 000	24 227	34 774	527	15 474	83 051	2 030 262	434 693

暂住居民家

	合计	务工	务农	经商	服务
	1	2	3	4	5
全国	**16 657 986**	**8 564 303**	**720 751**	**1 755 612**	**838 101**
北京市	1 206 483	672 699	28 623	235 042	88 900
天津市	733 754	460 046	9 964	29 354	5 577
河北省	213 548	102 500	2 951	30 792	14 730
山西省	165 539	75 831	1 525	20 605	14 540
内蒙古自治区	275 862	107 130	27 083	24 041	20 675
辽宁省	298 603	116 972	28 183	29 862	23 956
吉林省	271 447	80 111	41 149	36 749	18 622
黑龙江省	190 196	81 558	34 448	23 166	10 690
上海市	264 028	28 903	204	9 772	175
江苏省	1 504 362	670 817	66 977	171 374	133 484
浙江省	1 012 512	751 284	6 541	53 016	19 555
安徽省	480 054	187 588	8 547	82 401	36 049
福建省	1 371 030	1 022 385	5 914	33 176	11 916
江西省	85 065	38 009	5 208	11 475	5 650
山东省	701 114	386 099	27 911	91 226	28 558
河南省	1 212 396	833 942	14 841	107 602	16 504
湖北省	390 025	177 477	26 049	45 726	12 692
湖南省	440 013	272 393	10 903	51 889	13 217
广东省	1 242 827	504 583	33 651	125 033	83 714
广西壮族自治区	304 229	137 137	7 156	37 026	12 417
海南省	105 614	35 808	3 730	7 510	8 862
重庆市	1 547 900	690 235	35 250	125 842	117 145
四川省	679 041	270 798	17 501	70 932	30 815
贵州省	227 344	88 328	10 763	46 808	18 544
云南省	551 921	316 392	18 516	128 374	26 128
西藏自治区	37 636	16 266	1 264	6 738	884
陕西省	366 073	202 446	7 854	56 561	20 432
甘肃省	184 337	45 500	31 160	24 777	13 058
青海省	76 835	33 687	3 661	11 182	7 043
宁夏回族自治区	28 686	12 050	5 273	3 892	4 760
新疆维吾尔自治区	489 512	145 329	197 951	23 669	18 809

中人员情况

因公出差	借读培训	治病疗养	保　　姆	投靠亲友	探亲访友	旅游观光	其　　他
6	7	8	9	10	11	12	13
54 001	**547 508**	**57 553**	**271 813**	**1 440 590**	**550 215**	**98 929**	**1 758 610**
6 249	29 295	5 207	27 423	58 667	22 027	7 566	24 785
170	7 868	281	850	71 117	10 417	78	138 032
215	8 932	257	2 734	23 955	5 099	173	21 210
255	4 557	987	1 904	21 355	10 701	1 287	11 992
538	5 710	836	5 060	39 928	10 519	2 696	31 646
899	11 106	1 329	8 144	32 183	11 971	2 442	31 556
617	6 260	840	5 913	40 876	10 619	1 099	28 592
331	3 144	416	2 714	16 063	6 350	348	10 968
498	4 073	192	622	93 400	14 924	1 909	109 356
5 497	76 231	6 465	20 014	132 258	42 293	12 387	166 565
461	7 798	763	8 507	43 021	19 101	3 012	99 453
1 287	28 146	1 941	7 094	72 201	12 962	1 719	40 119
618	39 908	768	13 961	45 310	13 335	688	183 051
168	1 892	175	2 333	6 050	1 695	55	12 355
2 520	22 949	1 201	7 165	44 914	21 332	1 692	65 547
1 904	27 745	1 408	3 720	58 406	24 150	1 674	120 500
432	14 327	871	3 476	52 967	12 077	892	43 039
1 924	33 169	1 854	8 722	18 834	10 379	1 121	15 608
5 979	63 487	4 737	88 709	138 873	75 860	15 060	103 141
489	15 275	239	2 783	26 554	5 750	294	59 109
219	1 432	2 793	3 521	6 319	2 919	8 303	24 198
8 918	36 441	1 992	4 340	197 826	83 637	3 235	243 039
8 636	44 497	8 384	15 018	95 903	61 686	9 567	45 304
463	7 914	643	5 044	19 621	5 688	1 184	22 344
593	2 079	430	5 671	17 994	7 009	2 521	26 214
76	272	463	1 956	5 504	2 236	579	1 398
814	14 265	1 250	8 590	11 282	5 349	2 069	35 161
394	18 933	1 067	4 044	16 910	9 496	939	18 059
63	4 416	191	408	7 219	2 616	4 446	1 903
7	594	306	165	842	131	12	654
2 767	4 793	9 267	1 208	24 238	27 887	9 882	23 712

暂住单位内

	合计	务工	务农	经商	服务
	1	2	3	4	5
全　　国	**38 335 768**	**27 838 412**	**344 495**	**1 395 182**	**1 962 265**
北京市	1 600 710	1 124 998	30 695	151 403	172 748
天津市	1 171 163	1 079 629	7 647	7 594	16 186
河北省	408 643	319 369	3 771	25 933	35 708
山西省	335 874	230 260	1 456	20 006	51 846
内蒙古自治区	359 460	211 456	1 837	32 241	57 246
辽宁省	484 256	280 657	12 915	24 587	56 696
吉林省	88 697	32 604	2 039	13 706	22 178
黑龙江省	97 225	62 498	3 000	11 133	11 544
上海市	1 339 802	801 033	11 944	36 860	3 003
江苏省	4 600 441	3 501 377	29 580	186 285	267 316
浙江省	5 545 557	4 717 339	12 884	47 437	142 404
安徽省	559 187	346 461	4 694	50 939	45 857
福建省	2 591 360	2 087 959	4 246	15 797	55 524
江西省	277 591	169 396	1 099	16 474	13 355
山东省	2 887 953	1 802 415	15 183	91 017	146 528
河南省	1 763 479	1 038 754	5 777	57 498	20 067
湖北省	1 048 424	661 845	5 407	25 847	15 622
湖南省	681 393	414 318	11 412	37 146	38 367
广东省	7 571 053	6 235 816	84 031	293 524	493 092
广西壮族自治区	278 199	111 743	2 062	15 762	11 729
海南省	87 818	49 459	2 474	4 849	13 433
重庆市	1 835 370	954 673	9 797	31 018	47 446
四川省	757 697	456 951	4 047	32 933	38 331
贵州省	212 702	130 476	3 452	22 109	21 589
云南省	461 643	299 049	8 653	56 952	42 717
西藏自治区	15 552	8 727	163	2 810	737
陕西省	400 883	210 325	2 721	23 528	45 658
甘肃省	297 476	128 067	5 118	24 721	38 540
青海省	84 834	58 555	1 323	9 355	4 959
宁夏回族自治区	62 497	39 840	1 988	10 689	8 367
新疆维吾尔自治区	428 829	272 363	53 080	15 029	23 472

部人员情况

因公出差	借读培训	治病疗养	保　　姆	投靠亲友	探亲访友	旅游观光	其　　他
6	7	8	9	10	11	12	13
160 233	**4 368 254**	**95 981**	**32 177**	**178 560**	**68 680**	**32 532**	**1 858 997**
15 945	70 631	823	2 391	5 489	4 113	1 579	19 895
206	34 966	45	109	1 113	599	4	23 065
296	8 781	194	9	1 707	268	41	12 566
1 708	13 126	847	177	1 104	337	526	14 481
1 025	26 867	2 941	18	3 590	1 265		20 974
1 252	43 226	2 404	705	2 947	1 151	296	57 420
2 153	10 674	694	16	515	128	104	3 886
509	4 498	159	10	670	82	55	3 067
670	28 433	153	495	16 738	8 957	1 822	429 694
31 936	289 338	14 952	3 359	33 432	9 209	5 712	227 945
3 094	360 930	11 511	1 062	6 095	1 143	502	241 156
2 061	78 843	1 062	261	4 734	757	350	23 168
5 664	307 296	188	1 187	1 090	803	145	111 461
723	72 583	170	1	648	246		2 896
8 410	773 580	1 851	539	4 656	3 765	1 292	38 717
6 076	536 272	3 568	132	3 462	4 186	1 551	86 136
1 238	166 897	619	134	4 275	887	203	165 450
1 919	139 149	855	2 837	5 398	950	1 027	28 015
25 061	230 169	3 330	12 586	51 054	15 938	6 706	119 746
565	104 738	18	521	4 865	842	6	25 348
467	2 953	408	1 014	1 115	632	502	10 512
20 302	683 786	37 772	504	3 394	5 918	160	40 600
4 450	159 241	4 079	1 561	7 070	2 633	1 015	45 386
479	17 108	329	357	981	248	103	15 471
1 687	28 170	54	241	3 556	400	1 339	18 825
155	565	71	212	473	482		1 157
2 040	79 806	2 215	1 643	4 639	1 071	524	26 713
1 808	75 793	1 813	8	1 799	303	156	19 350
1 448	4 615	188	18	267	167	1 624	2 315
337	525			169	36		546
16 549	14 695	2 668	70	1 515	1 164	5 188	23 036

暂住工地现

	合计	务工	务农	经商	服务
	1	2	3	4	5
全国	**13 032 640**	**11 250 138**	**288 421**	**423 025**	**389 344**
北京市	834 253	705 762	13 227	58 628	30 366
天津市	576 920	566 282	3 571	865	969
河北省	418 904	387 953	1 688	11 004	7 089
山西省	336 573	314 813	2 114	6 536	6 200
内蒙古自治区	678 191	625 321	6 197	11 308	7 727
辽宁省	471 220	360 699	10 109	13 918	18 365
吉林省	179 410	152 158	6 699	9 784	7 282
黑龙江省	176 103	152 012	7 825	5 211	3 437
上海市	185 254	119 008	4 541	503	28
江苏省	1 322 512	1 095 092	24 769	46 028	62 154
浙江省	838 483	771 281	31 138	8 755	2 611
安徽省	443 963	365 994	8 194	27 613	22 825
福建省	656 133	616 233	7 984	4 934	4 290
江西省	123 208	107 313	1 755	6 545	4 936
山东省	765 734	643 278	6 732	29 277	65 452
河南省	326 044	306 583	2 596	5 901	2 445
湖北省	135 230	105 179	3 197	8 581	7 039
湖南省	384 705	311 868	7 708	22 395	15 704
广东省	818 221	678 721	50 960	22 697	27 298
广西壮族自治区	181 959	125 924	3 428	10 135	12 776
海南省	147 971	124 288	7 072	1 194	2 754
重庆市	552 014	504 681	10 265	11 955	6 109
四川省	484 934	421 264	6 556	13 975	7 376
贵州省	312 513	244 839	7 000	24 521	15 903
云南省	276 080	253 371	7 283	6 735	884
西藏自治区	101 414	96 049	304	3 423	1 019
陕西省	294 164	248 301	3 053	15 036	15 218
甘肃省	363 224	286 510	11 052	19 693	15 179
青海省	189 719	168 253	3 105	4 779	7 287
宁夏回族自治区	58 357	46 038	1 188	5 726	4 704
新疆维吾尔自治区	399 230	345 070	27 111	5 370	3 918

场人员情况

因公出差	借读培训	治病疗养	保姆	投靠亲友	探亲访友	旅游观光	其他
6	7	8	9	10	11	12	13
20 666	**88 264**	**2 517**	**5 511**	**51 869**	**19 438**	**6 994**	**486 453**
1 592	5 920	217	1 296	7 804	1 170	177	8 094
19	1 481	1	14	185	74	2	3 457
190	1 652	11	12	835	165	115	8 190
150	199		54	250	253	1	6 003
101	1 162		20	1 967	2 528		21 860
72	5 173	590	255	2 521	807	400	58 311
147	26	51	46	766	208	13	2 230
44	69	102	20	410	100	3	6 870
3	467	7	11	405	202	23	60 056
4 710	10 208	39	515	5 645	1 097	147	72 108
94	323	7	38	536	458	3	23 239
776	6 933	65	226	3 424	414	20	7 479
275	2 026	124	42	756	113	4	19 352
7	1 346		44	122	75	7	1 058
1 619	1 493	73	134	1 319	549	2 680	13 128
885	682	52	67	315	181	23	6 314
143	512	16	62	624	219	37	9 621
1 107	13 188	375	340	1 638	1 037	40	9 305
1 720	2 234	330	612	3 500	2 202	629	27 318
81	14 691		196	1 121	41	3	13 563
769	147	57	20	1 065	288	76	10 241
1 208	545	8	2	326	1 031	11	15 873
1 111	6 115	268	878	7 977	2 721	198	16 495
228	2 548	75	191	1 986	354	172	14 696
658	219	2	10	527	456	50	5 885
1	1		6	60	59	12	480
1 900	3 327	28	333	3 063	281	120	3 504
401	5 207	5	5	904	572	59	23 637
250	41	3	38	187	178	830	4 768
1	1			142	64		493
404	328	11	24	1 489	1 541	1 139	12 825

暂住租赁房

	合计	务工	务农	经商	服务
	1	2	3	4	5
全　　国	**79 990 991**	**54 644 692**	**1 266 307**	**7 227 952**	**4 540 899**
北京市	3 516 207	2 300 750	78 226	629 215	313 130
天津市	843 435	728 484	6 843	32 655	12 158
河北省	707 692	405 543	5 160	142 650	89 712
山西省	616 509	311 567	1 821	97 662	143 313
内蒙古自治区	848 788	418 908	23 425	156 743	132 878
辽宁省	1 138 607	598 085	44 719	107 648	103 481
吉林省	358 359	166 511	22 124	82 459	34 489
黑龙江省	348 051	193 356	27 330	54 419	33 615
上海市	5 996 958	2 281 706	49 295	176 960	19 832
江苏省	8 437 873	5 142 314	133 037	902 265	853 420
浙江省	15 037 457	12 097 201	88 596	509 325	376 488
安徽省	1 041 502	524 072	11 123	222 651	92 684
福建省	5 403 933	4 518 103	45 433	300 409	165 417
江西省	310 968	194 818	8 908	55 841	22 856
山东省	2 200 054	1 540 991	46 698	326 939	120 805
河南省	896 435	686 320	5 167	112 361	20 403
湖北省	1 169 835	781 941	15 905	161 272	34 655
湖南省	1 268 882	828 996	21 954	234 726	44 876
广东省	19 594 102	14 873 006	273 152	1 262 222	1 126 536
广西壮族自治区	890 256	521 501	21 430	107 704	60 051
海南省	308 174	153 381	12 605	39 137	45 589
重庆市	1 843 868	1 244 814	26 747	179 733	117 703
四川省	1 510 202	940 579	15 822	248 166	70 442
贵州省	1 035 939	538 190	29 275	246 587	91 346
云南省	1 414 639	930 781	43 325	280 777	78 772
西藏自治区	202 261	97 900	5 280	63 939	26 101
陕西省	974 440	561 075	16 122	146 647	130 260
甘肃省	588 501	261 588	13 265	143 106	77 571
青海省	225 128	113 036	14 092	67 015	18 051
宁夏回族自治区	96 423	51 478	5 936	19 787	13 670
新疆维吾尔自治区	1 165 513	637 697	153 492	116 932	70 595

屋人员情况

因公出差	借读培训	治病疗养	保　　姆	投靠亲友	探亲访友	旅游观光	其　　他
6	7	8	9	10	11	12	13
123 782	**1 552 825**	**62 720**	**140 403**	**1 372 843**	**329 404**	**113 605**	**8 615 559**
16 230	58 140	5 784	11 596	34 185	15 756	5 964	47 231
140	8 770	104	858	7 176	3 613	30	42 604
264	11 830	695	287	5 469	1 614	347	44 121
1 380	7 220	1 148	760	5 699	2 130	570	43 239
750	26 046	614	898	20 149	3 770	148	64 459
1 683	27 177	1 118	3 325	13 351	4 975	3 518	229 527
3 530	9 352	570	806	8 078	1 044	2 206	27 190
247	4 731	168	1 736	7 349	1 367	171	23 562
2 410	107 406	2 395	5 847	173 003	54 067	9 127	3 114 910
12 593	179 374	4 184	7 941	376 608	16 300	8 284	801 553
2 392	61 540	2 273	5 910	58 808	15 283	2 827	1 816 814
2 979	80 968	1 639	4 353	31 076	7 632	2 586	59 739
940	149 233	561	3 548	11 878	4 410	297	203 704
295	9 461	169	820	1 237	234	97	16 232
3 329	60 275	911	1 439	13 661	12 338	1 615	71 053
1 030	27 495	386	289	7 362	2 993	533	32 096
820	36 757	886	417	13 148	2 043	314	121 677
2 406	77 304	2 038	1 099	12 800	3 033	850	38 800
40 053	338 154	14 117	70 869	446 267	127 523	27 519	994 684
179	23 754	100	1 251	17 480	1 961	5 668	129 177
1 518	6 359	9 179	1 215	5 120	3 403	6 178	24 490
10 718	48 306	2 349	1 618	28 356	6 642	1 922	174 960
2 033	74 242	2 035	4 868	32 993	19 619	2.234	97 169
1 527	22 049	1 427	1 962	13 659	3 093	926	85 898
774	7 619	492	2 118	7 417	2 845	5 094	54 625
212	241	505	50	1 373	562	96	6 002
1 622	38 787	1 154	2 492	6 826	2 612	3 010	63 833
939	42 333	733	717	3 944	949	539	42 817
379	297	1 003	80	417	508	3 395	6 855
2	1 125	1		407	68	3	3 946
10 408	6 480	3 982	1 234	7 547	7 017	17 537	132 592

务 工 人

	合计	性别		暂住时间			来	
		男	女	一个月以下	一个月至一年	一年以上	省内	
							市	县
	1	2	3	4	5	6	7	8
全　　国	**108 189 521**	**65 638 091**	**42 551 430**	**7 100 495**	**63 086 098**	**38 002 928**	**11 170 624**	**26 198 742**
北　京　市	4 927 390	2 908 865	2 018 525	292 795	2 779 400	1 855 195		
天　津　市	3 088 137	2 033 105	1 055 032	26 242	2 719 824	342 071		
河　北　省	1 334 431	914 384	420 047	34 980	852 777	446 674	181 452	423 495
山　西　省	990 924	721 129	269 795	77 148	516 118	397 658	139 580	335 741
内蒙古自治区	1 466 534	1 043 520	423 014	154 654	759 545	552 335	200 368	573 637
辽　宁　省	1 412 743	919 234	493 509	153 280	729 511	529 952	229 689	469 913
吉　林　省	455 543	294 740	160 803	34 604	210 880	210 059	108 922	187 396
黑　龙　江　省	589 547	390 558	198 989	45 122	277 279	267 146	118 118	295 163
上　海　市	3 704 552	2 208 049	1 496 503	472 615	2 635 425	596 512		
江　苏　省	10 766 685	6 647 392	4 119 293	874 671	6 783 837	3 108 177	735 030	2 584 392
浙　江　省	18 648 691	10 810 307	7 838 384	108 015	13 203 934	5 336 742	1 375 888	2 205 240
安　徽　省	1 462 380	985 750	476 630	89 075	729 619	643 686	291 833	628 281
福　建　省	8 506 936	5 399 837	3 107 099	423 613	4 855 924	3 227 399	311 253	1 176 670
江　西　省	530 282	346 448	183 834	21 600	272 654	236 028	100 190	246 846
山　东　省	4 533 744	2 833 404	1 700 340	219 854	2 554 106	1 759 784	864 889	2 029 144
河　南　省	3 035 950	1 877 993	1 157 957	102 865	1 159 582	1 773 503	964 811	1 585 661
湖　北　省	1 934 627	1 150 638	783 989	186 538	817 573	930 516	179 676	1 190 687
湖　南　省	2 218 463	1 350 155	868 308	241 088	1 585 728	391 647	662 176	1 076 742
广　东　省	23 062 969	12 649 694	10 413 275	1 700 169	11 473 285	9 889 515	2 403 311	3 993 245
广西壮族自治区	1 013 375	639 647	373 728	52 800	611 440	349 135	116 682	571 439
海　南　省	386 913	260 834	126 079	19 317	184 341	183 255	62 254	93 753
重　庆　市	3 676 263	2 242 421	1 433 842	68 540	2 135 224	1 472 499	475 280	2 182 856
四　川　省	2 220 958	1 429 721	791 237	614 486	1 023 129	583 343	516 902	1 159 018
贵　州　省	1 074 792	682 351	392 441	63 840	416 629	594 323	207 507	495 012
云　南　省	2 007 870	1 369 720	638 150	174 055	942 183	891 632	235 836	953 683
西藏自治区	224 675	154 006	70 669	14 491	108 118	102 066	10 803	61 289
陕　西　省	1 282 081	862 891	419 190	59 349	707 806	514 926	229 190	532 791
甘　肃　省	767 002	546 748	220 254	51 288	490 134	225 580	126 787	367 422
青　海　省	400 878	288 309	112 569	56 727	224 267	119 884	26 746	141 554
宁夏回族自治区	152 584	113 095	39 489	6 423	92 182	53 979	27 300	40 135
新疆维吾尔自治区	2 311 602	1 563 146	748 456	660 251	1 233 644	417 707	268 151	597 537

员总数

自地区				居住处所					
省外		港澳台	国外	旅店	居民家中	单位内部	工地现场	租赁房屋	其他
市	县								
9	10	11	12	13	14	15	16	17	18
19 276 671	**51 339 370**	**95 666**	**108 448**	**1 528 623**	**8 564 303**	**27 838 412**	**11 250 138**	**54 644 692**	**4 363 353**
1 794 521	3 107 432	3 511	21 926	44 027	672 699	1 124 998	705 762	2 300 750	79 154
973 691	2 113 660	669	117	26 570	460 046	1 079 629	566 282	728 484	227 126
198 955	530 336	22	171	8 761	102 500	319 369	387 953	405 543	110 305
142 814	372 675	71	43	15 214	75 831	230 260	314 813	311 567	43 239
167 766	523 472	1 066	225	16 542	107 130	211 456	625 321	418 908	87 177
200 101	508 063	201	4 776	6 197	116 972	280 657	360 699	598 085	50 133
63 143	95 564	21	497	4 452	80 111	32 604	152 158	166 511	19 707
51 015	124 562	15	674	20 839	81 558	62 498	152 012	193 356	79 284
822 485	2 864 683	5 928	11 456	743	28 903	801 033	119 008	2 281 706	473 159
1 200 819	6 231 033	4 969	10 442	31 897	670 817	3 501 377	1 095 092	5 142 314	325 188
4 276 379	10 773 290	4 777	13 117	20 625	751 284	4 717 339	771 281	12 097 201	290 961
184 872	356 742	195	457	10 063	187 588	346 461	365 994	524 072	28 202
862 789	6 146 201	5 099	4 924	4 211	1 022 385	2 087 959	616 233	4 518 103	258 045
53 740	129 244	120	142	1 798	38 009	169 396	107 313	194 818	18 948
501 614	1 130 995	753	6 349	33 020	386 099	1 802 415	643 278	1 540 991	127 941
201 892	283 127	213	246	69 743	833 942	1 038 754	306 583	686 320	100 608
92 301	468 296	878	2 789	8 945	177 477	661 845	105 179	781 941	199 240
212 968	266 315	108	154	168 888	272 393	414 318	311 868	828 996	222 000
5 622 162	10 953 910	64 496	25 845	53 429	504 583	6 235 816	678 721	14 873 006	717 414
85 030	239 952	184	88	40 534	137 137	111 743	125 924	521 501	76 536
74 810	155 574	288	234	4 754	35 808	49 459	124 288	153 381	19 223
205 588	811 748	711	80	4 293	690 235	954 673	504 681	1 244 814	277 567
208 564	332 168	1 252	3 054	45 258	270 798	456 951	421 264	940 579	86 108
134 335	237 794	37	107	4 917	88 328	130 476	244 839	538 190	68 042
203 513	614 811	12	15	28 538	316 392	299 049	253 371	930 781	179 739
35 042	117 528		13	2 478	16 266	8 727	96 049	97 900	3 255
173 817	345 899	35	349	20 460	202 446	210 325	248 301	561 075	39 474
98 097	174 651	1	44	6 618	45 500	128 067	286 510	261 588	38 719
49 882	182 670	16	10	6 224	33 687	58 555	168 253	113 036	21 123
28 419	56 730			388	12 050	39 840	46 038	51 478	2 790
355 547	1 090 245	18	104	818 197	145 329	272 363	345 070	637 697	92 946

务农人

	合计	性别		暂住时间			来	
		男	女	一个月以下	一个月至一年	一年以上	省内	
							市	县
	1	2	3	4	5	6	7	8
全国	**3 030 991**	**1 782 249**	**1 248 742**	**312 021**	**1 513 336**	**1 205 634**	**394 231**	**1 043 303**
北京市	162 446	98 276	64 170	16 494	78 677	67 275		
天津市	30 590	18 689	11 901	258	24 718	5 614		
河北省	18 033	11 163	6 870	2 875	9 522	5 636	2 932	6 460
山西省	7 735	5 722	2 013	575	3 719	3 441	1 498	2 322
内蒙古自治区	62 759	34 341	28 418	8 594	22 243	31 922	6 870	23 862
辽宁省	102 028	60 810	41 218	7 846	49 815	44 367	20 654	33 201
吉林省	82 924	48 670	34 254	7 217	22 521	53 186	18 286	40 977
黑龙江省	93 766	56 246	37 520	7 485	23 977	62 304	14 958	55 812
上海市	88 890	48 931	39 959	9 310	63 557	16 023		
江苏省	282 202	159 073	123 129	22 722	141 642	117 838	44 524	102 499
浙江省	151 996	87 254	64 742	14 775	91 690	45 531	14 142	25 734
安徽省	34 439	21 584	12 855	5 087	15 731	13 621	7 932	15 039
福建省	66 040	45 222	20 818	2 797	41 459	21 784	1 486	19 061
江西省	18 767	13 329	5 438	1 175	8 508	9 084	2 066	10 700
山东省	106 369	62 533	43 836	8 190	65 354	32 825	25 371	44 413
河南省	32 796	19 111	13 685	2 128	13 873	16 795	9 949	17 733
湖北省	68 052	36 734	31 318	4 519	16 309	47 224	10 214	32 945
湖南省	61 252	38 725	22 527	9 525	30 415	21 312	13 877	25 864
广东省	510 809	281 316	229 493	32 850	228 491	249 468	55 249	109 712
广西壮族自治区	36 958	21 760	15 198	1 763	20 450	14 745	7 786	17 592
海南省	30 700	18 958	11 742	2 397	12 000	16 303	3 742	9 047
重庆市	93 580	56 613	36 967	7 842	58 060	27 678	19 489	58 825
四川省	49 710	30 379	19 331	6 811	24 620	18 279	13 369	24 830
贵州省	58 351	33 620	24 731	6 418	18 438	33 495	14 950	21 763
云南省	113 093	69 691	43 402	16 879	31 225	64 989	16 715	75 096
西藏自治区	9 579	5 246	4 333	653	3 339	5 587	810	1 371
陕西省	31 361	18 477	12 884	6 400	13 539	11 422	9 772	15 468
甘肃省	67 597	39 212	28 385	7 717	40 984	18 896	17 581	39 330
青海省	30 054	20 002	10 052	3 001	7 086	19 967	3 960	17 036
宁夏回族自治区	15 255	11 411	3 844	710	9 406	5 139	2 608	4 694
新疆维吾尔自治区	512 860	309 151	203 709	87 008	321 968	103 884	33 441	191 917

员总数

自地区				居住处所					
省外		港澳台	国外	旅店	居民家中	单位内部	工地现场	租赁房屋	其他
市	县								
9	10	11	12	13	14	15	16	17	18
434 710	**1 157 705**	**803**	**239**	**54 435**	**720 751**	**344 495**	**288 421**	**1 266 307**	**356 582**
61 106	101 340			1 450	28 623	30 695	13 227	78 226	10 225
6 584	23 997	3	6	139	9 964	7 647	3 571	6 843	2 426
2 361	6 270	5	5	209	2 951	3 771	1 688	5 160	4 254
1 560	2 355			228	1 525	1 456	2 114	1 821	591
14 941	17 086			159	27 083	1 837	6 197	23 425	4 058
12 699	35 451		23	539	28 183	12 915	10 109	44 719	5 563
8 911	14 702		48	600	41 149	2 039	6 699	22 124	10 313
6 707	16 276	1	12	603	34 448	3 000	7 825	27 330	20 560
18 369	70 521			4	204	11 944	4 541	49 295	22 902
33 380	101 794	3	2	2 146	66 977	29 580	24 769	133 037	25 693
26 144	85 976			104	6 541	12 884	31 138	88 596	12 733
4 533	6 916	3	16	490	8 547	4 694	8 194	11 123	1 391
2 799	42 667	7	20	156	5 914	4 246	7 984	45 433	2 307
1 937	4 064			296	5 208	1 099	1 755	8 908	1 501
12 008	24 568		9	5 125	27 911	15 183	6 732	46 698	4 720
1 992	3 099	11	12	2 452	14 841	5 777	2 596	5 167	1 963
6 143	18 747	2	1	247	26 049	5 407	3 197	15 905	17 247
6 426	15 085			647	10 903	11 412	7 708	21 954	8 628
115 071	230 036	664	77	5 746	33 651	84 031	50 960	273 152	63 269
4 531	7 049			125	7 156	2 062	3 428	21 430	2 757
5 771	12 122	18		90	3 730	2 474	7 072	12 605	4 729
4 966	10 220	74	6	1 257	35 250	9 797	10 265	26 747	10 264
3 470	8 035	5	1	804	17 501	4 047	6 556	15 822	4 980
13 352	8 282	4		1 815	10 763	3 452	7 000	29 275	6 046
3 305	17 975	2		475	18 516	8 653	7 283	43 325	34 841
359	7 039			23	1 264	163	304	5 280	2 545
2 265	3 855	1		305	7 854	2 721	3 053	16 122	1 306
5 190	5 496			740	31 160	5 118	11 052	13 265	6 262
2 266	6 792			43	3 661	1 323	3 105	14 092	7 830
3 491	4 462				5 273	1 988	1 188	5 936	870
42 073	245 428		1	27 418	197 951	53 080	27 111	153 492	53 808

经 商 人

	合计	性别		暂住时间			来	
							省内	
		男	女	一个月以下	一个月至一年	一年以上	市	县
	1	2	3	4	5	6	7	8
全　　国	**12 708 935**	**7 718 877**	**4 990 058**	**1 389 299**	**5 876 402**	**5 443 234**	**2 001 326**	**3 571 060**
北 京 市	1 158 455	690 049	468 406	84 828	580 544	493 083		
天 津 市	96 360	58 106	38 254	1 084	70 781	24 495		
河 北 省	231 681	148 017	83 664	5 115	110 974	115 592	36 791	72 069
山 西 省	162 108	102 261	59 847	6 893	79 324	75 891	34 548	59 217
内蒙古自治区	259 646	160 030	99 616	24 704	99 685	135 257	48 050	95 157
辽 宁 省	194 601	121 697	72 904	15 448	86 374	92 779	46 853	57 880
吉 林 省	164 242	95 465	68 777	12 085	57 540	94 617	43 819	65 490
黑 龙 江 省	115 458	71 279	44 179	10 034	41 292	64 132	30 209	47 598
上 海 市	300 329	185 301	115 028	43 441	199 383	57 505		
江 苏 省	1 450 167	881 561	568 606	113 837	808 498	527 832	173 067	413 318
浙 江 省	667 417	390 699	276 718	26 127	416 491	224 799	102 053	124 595
安 徽 省	399 239	249 741	149 498	24 869	183 383	190 987	87 979	154 616
福 建 省	376 802	238 393	138 409	12 231	232 553	132 018	105 333	112 873
江 西 省	98 176	57 595	40 581	4 538	42 036	51 602	23 659	38 815
山 东 省	586 656	365 967	220 689	36 143	303 058	247 455	118 580	213 045
河 南 省	323 340	203 541	119 799	10 810	112 976	199 554	89 369	146 732
湖 北 省	273 767	164 103	109 664	10 665	79 983	183 119	52 696	123 388
湖 南 省	394 734	224 194	170 540	37 086	211 802	145 846	98 699	181 027
广 东 省	1 896 803	1 166 086	730 717	174 721	828 467	893 615	317 556	393 620
广西壮族自治区	192 710	119 975	72 735	12 812	93 487	86 411	36 986	82 589
海 南 省	59 362	37 697	21 665	3 402	26 830	29 130	9 682	16 331
重 庆 市	397 911	221 530	176 381	8 886	231 288	157 737	57 867	242 055
四 川 省	425 114	264 361	160 753	78 195	169 635	177 284	109 163	175 528
贵 州 省	369 187	218 281	150 906	16 944	114 600	237 643	73 568	126 849
云 南 省	549 647	325 872	223 775	49 384	191 310	308 953	61 967	163 331
西藏自治区	80 316	50 532	29 784	4 719	25 039	50 558	4 341	16 427
陕 西 省	265 099	159 154	105 945	17 242	102 151	145 706	71 113	77 305
甘 肃 省	238 879	153 001	85 878	10 313	127 477	101 089	45 912	102 200
青 海 省	113 314	75 775	37 539	14 432	44 498	54 384	10 829	28 381
宁夏回族自治区	41 877	31 026	10 851	1 413	17 749	22 715	8 644	9 946
新疆维吾尔自治区	825 538	487 588	337 950	516 898	187 194	121 446	101 993	230 678

员总数

自地区				居住处所					
省外		港澳台	国外	旅店	居民家中	单位内部	工地现场	租赁房屋	其他
市	县								
9	10	11	12	13	14	15	16	17	18
2 554 699	**4 315 155**	**87 853**	**178 842**	**1 045 757**	**1 755 612**	**1 395 182**	**423 025**	**7 227 952**	**861 407**
509 666	614 482	12 208	22 099	56 183	235 042	151 403	58 628	629 215	27 984
39 511	56 810	33	6	447	29 354	7 594	865	32 655	25 445
42 093	80 446	55	227	2 051	30 792	25 933	11 004	142 650	19 251
23 355	44 920	23	45	3 984	20 605	20 006	6 536	97 662	13 315
46 986	69 197	109	147	8 821	24 041	32 241	11 308	156 743	26 492
32 994	53 372	297	3 205	6 446	29 862	24 587	13 918	107 648	12 140
23 885	30 506	18	524	4 052	36 749	13 706	9 784	82 459	17 492
13 934	23 505	7	205	7 283	23 166	11 133	5 211	54 419	14 246
68 083	207 900	15 644	8 702	11 201	9 772	36 860	503	176 960	65 033
205 237	646 887	4 865	6 793	44 246	171 374	186 285	46 028	902 265	99 969
145 257	273 275	4 078	18 159	31 201	53 016	47 437	8 755	509 325	17 683
64 881	91 245	212	306	5 448	82 401	50 939	27 613	222 651	10 187
46 348	102 385	6 434	3 429	17 210	33 176	15 797	4 934	300 409	5 276
16 899	18 600	112	91	1 868	11 475	16 474	6 545	55 841	5 973
107 613	139 699	1 398	6 321	14 959	91 226	91 017	29 277	326 939	33 238
36 920	50 205	70	44	20 977	107 602	57 498	5 901	112 361	19 001
30 584	65 268	1 200	631	8 391	45 726	25 847	8 581	161 272	23 950
44 881	69 896	182	49	21 435	51 889	37 146	22 395	234 726	27 143
466 906	663 347	39 589	15 785	57 297	125 033	293 524	22 697	1 262 222	136 030
24 287	48 729	86	33	9 993	37 026	15 762	10 135	107 704	12 090
10 760	22 078	412	99	3 576	7 510	4 849	1 194	39 137	3 096
20 625	77 134	148	82	1 974	125 842	31 018	11 955	179 733	47 389
61 353	78 530	332	208	24 540	70 932	32 933	13 975	248 166	34 568
73 156	95 535	52	27	3 838	46 808	22 109	24 521	246 587	25 324
100 369	223 024	130	826	9 901	128 374	56 952	6 735	280 777	66 908
15 303	44 243	1	1	1 937	6 738	2 810	3 423	63 939	1 469
52 493	64 180	6	2	4 817	56 561	23 528	15 036	146 647	18 510
32 887	57 880			7 602	24 777	24 721	19 693	143 106	18 980
23 836	50 251	5	12	10 357	11 182	9 355	4 779	67 015	10 626
11 199	12 088			184	3 892	10 689	5 726	19 787	1 599
162 398	239 538	147	90 784	643 538	23 669	15 029	5 370	116 932	21 000

服务人

	合计	性别		暂住时间			来	
		男	女	一个月以下	一个月至一年	一年以上	省内	
							市	县
	1	2	3	4	5	6	7	8
全国	**8 374 580**	**4 119 129**	**4 255 451**	**671 827**	**4 298 759**	**3 403 994**	**1 154 265**	**2 415 898**
北京市	643 112	357 191	285 921	50 380	294 926	297 806		
天津市	48 891	25 528	23 363	242	34 441	14 208		
河北省	159 527	74 134	85 393	3 710	105 324	50 493	28 758	61 528
山西省	241 832	127 520	114 312	17 857	111 477	112 498	39 129	117 409
内蒙古自治区	245 048	114 193	130 855	28 350	131 457	85 241	39 231	103 603
辽宁省	212 837	106 557	106 280	13 231	115 233	84 373	41 794	64 589
吉林省	92 038	42 682	49 356	8 859	41 967	41 212	22 614	39 024
黑龙江省	70 915	32 092	38 823	6 699	28 621	35 595	14 801	33 366
上海市	26 063	10 223	15 840	2 425	18 092	5 546		
江苏省	1 426 104	719 827	706 277	108 191	746 014	571 899	184 931	409 941
浙江省	562 674	243 886	318 788	10 750	354 906	197 018	35 277	55 255
安徽省	208 994	92 238	116 756	15 972	102 415	90 607	40 056	87 936
福建省	241 463	120 551	120 912	11 976	148 799	80 688	17 041	46 395
江西省	53 588	23 288	30 300	4 076	27 785	21 727	12 578	21 477
山东省	384 766	232 078	152 688	18 860	166 648	199 258	63 456	107 019
河南省	65 816	33 987	31 829	6 187	26 260	33 369	17 281	34 216
湖北省	80 729	37 113	43 616	4 909	29 486	46 334	17 656	32 753
湖南省	122 867	56 381	66 486	12 093	64 103	46 671	28 628	50 964
广东省	1 821 790	836 210	985 580	172 183	873 485	776 122	266 498	354 101
广西壮族自治区	107 410	58 361	49 049	8 306	55 311	43 793	13 451	56 572
海南省	73 673	33 249	40 424	3 626	33 409	36 638	12 567	24 369
重庆市	319 688	164 456	155 232	5 112	227 230	87 346	46 852	203 251
四川省	162 533	75 488	87 045	28 164	72 672	61 697	38 606	77 016
贵州省	161 047	79 660	81 387	16 002	64 493	80 552	28 334	71 262
云南省	163 656	77 342	86 314	13 774	83 194	66 688	25 996	90 529
西藏自治区	30 789	13 613	17 176	2 601	11 417	16 771	2 818	7 700
陕西省	232 340	120 654	111 686	29 320	116 826	86 194	44 625	98 254
甘肃省	160 115	88 686	71 429	16 523	95 514	48 078	29 934	80 760
青海省	43 842	19 106	24 736	5 805	18 552	19 485	6 625	21 729
宁夏回族自治区	32 441	18 359	14 082	1 107	14 491	16 843	7 520	11 817
新疆维吾尔自治区	177 992	84 476	93 516	44 537	84 211	49 244	27 208	53 063

员总数

自地区				居住处所					
省外		港澳台	国外	旅店	居民家中	单位内部	工地现场	租赁房屋	其他
市	县								
9	10	11	12	13	14	15	16	17	18
1 720 062	**3 069 613**	**5 002**	**9 740**	**192 267**	**838 101**	**1 962 265**	**389 344**	**4 540 899**	**451 704**
273 676	364 690	1 561	3 185	10 369	88 900	172 748	30 366	313 130	27 599
17 463	31 405	21	2	270	5 577	16 186	969	12 158	13 731
21 805	47 392		44	3 797	14 730	35 708	7 089	89 712	8 491
24 871	60 388	4	31	3 753	14 540	51 846	6 200	143 313	22 180
29 758	72 299	148	9	5 338	20 675	57 246	7 727	132 878	21 184
35 139	69 655	63	1 597	2 340	23 956	56 696	18 365	103 481	7 999
12 444	17 760	21	175	3 087	18 622	22 178	7 282	34 489	6 380
6 919	15 801		28	1 697	10 690	11 544	3 437	33 615	9 932
5 280	20 768	10	5	56	175	3 003	28	19 832	2 969
188 344	641 497	404	987	11 989	133 484	267 316	62 154	853 420	97 741
167 797	303 829	143	373	5 794	19 555	142 404	2 611	376 488	15 822
30 653	50 270	12	67	3 633	36 049	45 857	22 825	92 684	7 946
35 998	141 965	33	31	1 503	11 916	55 524	4 290	165 417	2 813
6 614	12 918		1	2 198	5 650	13 355	4 936	22 856	4 593
97 937	115 579	23	752	10 946	28 558	146 528	65 452	120 805	12 477
5 880	8 416	11	12	3 281	16 504	20 067	2 445	20 403	3 116
9 809	20 490	10	11	5 122	12 692	15 622	7 039	34 655	5 599
16 181	27 056	24	14	5 258	13 217	38 367	15 704	44 876	5 445
532 523	664 030	2 388	2 250	16 794	83 714	493 092	27 298	1 126 536	74 356
13 036	24 350	1		7 204	12 417	11 729	12 776	60 051	3 233
13 484	23 134	48	71	618	8 862	13 433	2 754	45 589	2 417
13 988	55 528	64	5	1 426	117 145	47 446	6 109	117 703	29 859
18 992	27 867		52	7 290	30 815	38 331	7 376	70 442	8 279
24 855	36 585	3	8	2 476	18 544	21 589	15 903	91 346	11 189
15 847	31 283	1		6 446	26 128	42 717	884	78 772	8 709
4 883	15 381		7	903	884	737	1 019	26 101	1 145
35 092	54 369			8 446	20 432	45 658	15 218	130 260	12 326
18 139	31 282			5 321	13 058	38 540	15 179	77 571	10 446
5 378	10 104	1	5	931	7 043	4 959	7 287	18 051	5 571
6 857	6 247			241	4 760	8 367	4 704	13 670	699
30 420	67 275	8	18	53 740	18 809	23 472	3 918	70 595	7 458

因公出差

	合计	性别		暂住时间			来	
		男	女	一个月以下	一个月至一年	一年以上	省内	
							市	县
	1	2	3	4	5	6	7	8
全国	**1 280 629**	**869 939**	**410 690**	**846 169**	**310 643**	**123 817**	**235 610**	**370 434**
北京市	78 266	46 455	31 811	28 916	32 025	17 325		
天津市	874	740	134	91	574	209		
河北省	2 076	1 455	621	1 161	420	495	481	584
山西省	14 551	9 818	4 733	9 835	3 114	1 602	4 082	4 745
内蒙古自治区	9 416	6 161	3 255	6 238	1 796	1 382	3 060	2 503
辽宁省	10 483	6 950	3 533	5 696	3 297	1 490	3 163	2 501
吉林省	11 119	7 135	3 984	4 334	4 376	2 409	2 534	3 241
黑龙江省	6 659	4 439	2 220	4 814	1 090	755	2 127	2 277
上海市	4 535	3 025	1 510	1 430	2 173	932		
江苏省	156 323	120 865	35 458	113 125	31 401	11 797	37 612	34 890
浙江省	23 260	16 169	7 091	12 185	8 172	2 903	3 233	5 447
安徽省	11 128	8 046	3 082	4 088	5 175	1 865	3 337	3 344
福建省	9 661	6 794	2 867	1 715	5 338	2 608	1 176	864
江西省	2 704	1 740	964	1 474	779	451	660	574
山东省	32 728	23 545	9 183	17 895	10 369	4 464	9 629	13 008
河南省	31 947	23 364	8 583	1 705	10 588	19 654	11 302	10 956
湖北省	6 587	4 252	2 335	2 789	1 888	1 910	2 288	1 670
湖南省	15 990	11 050	4 940	4 539	9 695	1 756	5 657	5 450
广东省	115 821	71 593	44 228	38 487	55 496	21 838	20 999	21 225
广西壮族自治区	19 270	15 763	3 507	18 254	722	294	1 833	11 018
海南省	9 379	6 049	3 330	6 794	989	1 596	2 654	2 031
重庆市	45 573	29 202	16 371	5 313	31 959	8 301	11 968	22 157
四川省	96 575	64 882	31 693	85 441	7 978	3 156	16 318	59 174
贵州省	4 380	2 837	1 543	1 641	1 622	1 117	1 166	1 615
云南省	4 965	3 592	1 373	1 007	1 367	2 591	1 075	2 145
西藏自治区	889	535	354	158	573	158	448	113
陕西省	10 464	6 177	4 287	3 121	4 783	2 560	2 449	3 105
甘肃省	24 121	15 710	8 411	19 312	2 845	1 964	4 600	13 930
青海省	10 977	6 769	4 208	9 149	1 638	190	858	1 553
宁夏回族自治区	1 158	1 043	115	1 060	90	8	390	289
新疆维吾尔自治区	508 750	343 784	164 966	434 402	68 311	6 037	80 511	140 025

人 员 总 数

自地区				居住处所					
省外		港澳台	国外	旅店	居民家中	单位内部	工地现场	租赁房屋	其他
市	县								
9	10	11	12	13	14	15	16	17	18
302 532	**341 286**	**10 066**	**20 701**	**895 984**	**54 001**	**160 233**	**20 666**	**123 782**	**25 963**
36 433	33 250	1 082	7 501	36 864	6 249	15 945	1 592	16 230	1 386
537	331	6		226	170	206	19	140	113
529	446	9	27	962	215	296	190	264	149
2 916	2 783	3	22	10 335	255	1 708	150	1 380	723
2 265	1 550	20	18	6 721	538	1 025	101	750	281
2 294	1 952	38	535	5 524	899	1 252	72	1 683	1 053
2 514	2 770	2	58	4 350	617	2 153	147	3 530	322
1 251	996		8	4 817	331	509	44	247	711
978	819	486	2 252	710	498	670	3	2 410	244
38 071	37 226	3 549	4 975	97 726	5 497	31 936	4 710	12 593	3 861
3 773	8 601	431	1 775	16 837	461	3 094	94	2 392	382
2 288	1 917	67	175	3 506	1 287	2 061	776	2 979	519
945	6 168	306	202	2 089	618	5 664	275	940	75
707	763			1 315	168	723	7	295	196
4 841	4 650	74	526	16 147	2 520	8 410	1 619	3 329	703
5 567	4 082	22	18	21 275	1 904	6 076	885	1 030	777
1 364	1 231	15	19	3 570	432	1 238	143	820	384
3 002	1 868	11	2	7 902	1 924	1 919	1 107	2 406	732
35 722	32 027	3 739	2 109	37 310	5 979	25 061	1 720	40 053	5 698
1 062	5 357			17 861	489	565	81	179	95
2 275	2 391	13	15	6 320	219	467	769	1 518	86
3 605	7 824	19		617	8 918	20 302	1 208	10 718	3 810
10 071	10 908	36	68	79 616	8 636	4 450	1 111	2 033	729
786	804	5	4	1 251	463	479	228	1 527	432
608	1 137			929	593	1 687	658	774	324
235	93			432	76	155	1	212	13
3 048	1 859		3	3 961	814	2 040	1 900	1 622	127
2 427	3 164			20 422	394	1 808	401	939	157
4 524	4 042			8 578	63	1 448	250	379	259
81	75	60	263	811	7	337	1	2	
127 813	160 202	73	126	477 000	2 767	16 549	404	10 408	1 622

借读培训

	合计	性别		暂住时间			来	
							省内	
	合计	男	女	一个月以下	一个月至一年	一年以上	市	县
	1	2	3	4	5	6	7	8
全国	**7 647 104**	**4 181 294**	**3 465 810**	**381 036**	**3 471 207**	**3 794 861**	**1 663 782**	**3 270 995**
北京市	191 203	95 601	95 602	13 770	108 939	68 494		
天津市	59 980	32 408	27 572	321	39 831	19 828		
河北省	76 314	42 703	33 611	5 929	17 734	52 651	27 332	19 595
山西省	32 192	18 040	14 152	4 734	14 428	13 030	7 620	15 513
内蒙古自治区	96 306	51 303	45 003	8 303	36 640	51 363	22 035	55 502
辽宁省	128 531	67 823	60 708	6 930	52 891	68 710	35 485	41 179
吉林省	38 139	20 266	17 873	1 237	9 171	27 731	13 011	13 890
黑龙江省	14 764	7 591	7 173	1 786	5 918	7 060	3 897	6 261
上海市	172 383	97 014	75 369	18 143	129 506	24 734		
江苏省	720 507	412 588	307 919	42 683	328 969	348 855	161 537	314 527
浙江省	464 994	240 083	224 911	4 191	208 910	251 893	191 470	102 502
安徽省	225 468	123 624	101 844	11 620	81 489	132 359	64 221	106 611
福建省	510 104	274 556	235 548	7 411	176 464	326 229	39 362	97 515
江西省	89 468	53 963	35 505	2 404	17 347	69 717	22 334	26 215
山东省	911 798	494 316	417 482	30 748	370 787	510 263	157 110	566 249
河南省	659 698	355 893	303 805	12 676	225 853	421 169	240 191	339 141
湖北省	253 523	143 549	109 974	14 156	80 175	159 192	33 222	142 799
湖南省	323 314	183 283	140 031	31 263	234 959	57 092	101 515	157 951
广东省	725 095	393 775	331 320	52 056	349 786	323 253	160 595	188 733
广西壮族自治区	178 139	99 917	78 222	4 301	111 735	62 103	36 313	98 435
海南省	12 860	7 387	5 473	687	6 196	5 977	2 974	4 705
重庆市	831 090	432 614	398 476	15 130	481 031	334 929	152 063	473 338
四川省	329 234	185 235	143 999	48 824	130 807	149 603	80 911	167 660
贵州省	58 041	33 444	24 597	1 927	18 047	38 067	14 724	29 333
云南省	49 923	25 772	24 151	4 977	18 557	26 389	7 713	33 935
西藏自治区	1 216	714	502	96	728	392	145	416
陕西省	234 012	136 837	97 175	6 880	103 249	123 883	40 164	103 149
甘肃省	172 035	101 278	70 757	6 261	85 309	80 465	31 117	123 370
青海省	11 197	6 077	5 120	286	5 740	5 171	1 109	7 674
宁夏回族自治区	2 861	1 770	1 091	109	2 403	349	744	709
新疆维吾尔自治区	72 715	41 870	30 845	21 197	17 608	33 910	14 868	34 088

人员总数

自	地	区		居	住		处		所
省外		港澳台	国外	旅店	居民家中	单位内部	工地现场	租赁房屋	其他
市	县								
9	10	11	12	13	14	15	16	17	18
932 469	**1 724 314**	**11 086**	**44 458**	**117 716**	**547 508**	**4 368 254**	**88 264**	**1 552 825**	**972 537**
76 296	99 124	398	15 385	13 502	29 295	70 631	5 920	58 140	13 715
30 590	29 387	2	1	75	7 868	34 966	1 481	8 770	6 820
11 840	17 148	9	390	1 349	8 932	8 781	1 652	11 830	43 770
4 503	4 528		28	1 346	4 557	13 126	199	7 220	5 744
6 457	11 955	3	354	1 545	5 710	26 867	1 162	26 046	34 976
19 189	31 138	38	1 502	943	11 106	43 226	5 173	27 177	40 906
5 306	4 720	5	1 207	711	6 260	10 674	26	9 352	11 116
1 482	1 719	16	1 389	341	3 144	4 498	69	4 731	1 981
39 840	128 544	1 187	2 812	97	4 073	28 433	467	107 406	31 907
72 260	168 694	445	3 044	12 111	76 231	289 338	10 208	179 374	153 245
89 990	77 782	170	3 080	3 675	7 798	360 930	323	61 540	30 728
22 587	31 971	20	58	1 553	28 146	78 843	6 933	80 968	29 025
30 634	342 194	117	282	2 747	39 908	307 296	2 026	149 233	8 894
15 449	24 677	18	775	245	1 892	72 583	1 346	9 461	3 941
83 215	104 336	16	872	5 914	22 949	773 580	1 493	60 275	47 587
24 160	56 095	7	104	9 806	27 745	536 272	682	27 495	57 698
21 294	51 843	442	3 923	4 374	14 327	166 897	512	36 757	30 656
36 024	26 894	180	750	6 798	33 169	139 149	13 188	77 304	53 706
143 371	217 845	7 458	7 093	8 431	63 487	230 169	2 234	338 154	82 620
16 954	26 423	6	8	3 135	15 275	104 738	14 691	23 754	16 546
2 532	2 409	42	198	224	1 432	2 953	147	6 359	1 745
60 907	144 578	194	10	1 477	36 441	683 786	545	48 306	60 535
35 685	43 910	300	768	4 979	44 497	159 241	6 115	74 242	40 160
7 280	6 665	9	30	605	7 914	17 108	2 548	22 049	7 817
2 089	6 186			461	2 079	28 170	219	7 619	11 375
220	419	1	15	72	272	565	1	241	65
54 867	35 817		15	992	14 265	79 806	3 327	38 787	96 835
8 167	9 364	1	16	5 356	18 933	75 793	5 207	42 333	24 413
598	1 790		26	104	4 416	4 615	41	297	1 724
428	978		2	521	594	525	1	1 125	95
8 255	15 181	2	321	24 227	4 793	14 695	328	6 480	22 192

治病疗养

	合计	性别		暂住时间			来	
		男	女	一个月以下	一个月至一年	一年以上	省内	
							市	县
	1	2	3	4	5	6	7	8
全国	**313 948**	**167 279**	**146 669**	**132 054**	**128 286**	**53 608**	**71 932**	**137 243**
北京市	16 787	8 398	8 389	3 485	8 682	4 620		
天津市	459	234	225	16	346	97		
河北省	1 658	879	779	151	301	1 206	183	556
山西省	4 309	2 234	2 075	1 719	1 830	760	1 013	1 956
内蒙古自治区	5 075	2 932	2 143	2 282	2 191	602	1 713	2 810
辽宁省	6 503	3 885	2 618	2 357	2 693	1 453	2 604	2 124
吉林省	2 529	1 399	1 130	744	1 052	733	528	1 284
黑龙江省	1 705	878	827	560	752	393	614	649
上海市	3 979	2 083	1 896	1 671	1 922	386		
江苏省	33 481	18 740	14 741	21 325	10 041	2 115	9 527	15 849
浙江省	17 681	8 310	9 371	12 420	4 545	716	5 507	7 579
安徽省	5 604	3 076	2 528	2 121	2 063	1 420	1 853	2 766
福建省	1 933	1 154	779	277	1 101	555	359	558
江西省	630	375	255	84	326	220	127	302
山东省	4 755	2 981	1 774	1 208	2 437	1 110	841	2 403
河南省	7 757	4 186	3 571	508	3 170	4 079	1 588	5 428
湖北省	2 837	1 578	1 259	886	896	1 055	874	1 150
湖南省	8 478	4 789	3 689	2 532	4 312	1 634	1 761	4 984
广东省	30 029	15 674	14 355	9 293	12 776	7 960	6 187	5 624
广西壮族自治区	444	241	203	95	281	68	36	173
海南省	13 637	8 574	5 063	1 889	6 478	5 270	1 551	4 878
重庆市	50 761	23 506	27 255	19 832	24 387	6 542	10 376	36 889
四川省	20 200	11 522	8 678	13 253	4 186	2 761	3 935	11 936
贵州省	2 868	1 652	1 216	821	1 064	983	644	1 488
云南省	1 255	687	568	208	334	713	274	622
西藏自治区	1 703	980	723	514	841	348	246	1 080
陕西省	6 666	3 761	2 905	1 330	4 359	977	2 281	1 870
甘肃省	4 093	2 572	1 521	2 256	1 351	486	1 055	2 059
青海省	1 991	1 121	870	802	820	369	96	1 285
宁夏回族自治区	357	277	80	352	4	1		353
新疆维吾尔自治区	53 784	28 601	25 183	27 063	22 745	3 976	16 159	18 588

人员总数

自地区				居住处所					
省外		港澳台	国外	旅店	居民家中	单位内部	工地现场	租赁房屋	其他
市	县								
9	10	11	12	13	14	15	16	17	18
45 133	**56 069**	**498**	**3 073**	**56 299**	**57 553**	**95 981**	**2 517**	**62 720**	**38 878**
8 528	8 064	57	138	3 770	5 207	823	217	5 784	986
278	181			2	281	45	1	104	26
356	561	1	1	37	257	194	11	695	464
364	801		175	677	987	847		1 148	650
178	283		91	315	836	2 941		614	369
926	826		23	400	1 329	2 404	590	1 118	662
319	365	3	30	164	840	694	51	570	210
242	197		3	485	416	159	102	168	375
1 541	2 438			462	192	153	7	2 395	770
2 637	5 464		4	3 089	6 465	14 952	39	4 184	4 752
1 983	2 575	6	31	143	763	11 511	7	2 273	2 984
489	493	2	1	400	1 941	1 062	65	1 639	497
114	892	6	4	44	768	188	124	561	248
65	130	6		22	175	170		169	94
632	742	6	131	165	1 201	1 851	73	911	554
378	355	6	2	1 658	1 408	3 568	52	386	685
444	369			194	871	619	16	886	251
871	844	6	12	1 004	1 854	855	375	2 038	2 352
8 043	9 524	364	287	1 556	4 737	3 330	330	14 117	5 959
66	169			83	239	18		100	4
3 389	3 798	3	18	181	2 793	408	57	9 179	1 019
1 145	2 341	7	3	90	1 992	37 772	8	2 349	8 550
1 819	2 455	20	35	4 242	8 384	4 079	268	2 035	1 192
323	412	1		72	643	329	75	1 427	322
192	167			198	430	54	2	492	79
118	259			216	463	71		505	448
1 398	1 117			1 056	1 250	2 215	28	1 154	963
261	718			438	1 067	1 813	5	733	37
137	473			312	191	188	3	1 003	294
	4			50	306			1	
7 897	9 052	4	2 084	34 774	9 267	2 668	11	3 982	3 082

保 姆 人

	合计	性别		暂住时间			来	
		男	女	一个月以下	一个月至一年	一年以上	省内	
							市	县
	1	2	3	4	5	6	7	8
全国	**483 028**	**100 924**	**382 104**	**48 640**	**228 737**	**205 651**	**69 362**	**148 659**
北京市	45 157	13 056	32 101	4 026	17 902	23 229		
天津市	2 014	141	1 873	5	1 757	252		
河北省	3 387	263	3 124	506	2 101	780	401	1 619
山西省	3 268	1 152	2 116	211	1 939	1 118	409	1 912
内蒙古自治区	6 186	199	5 987	429	3 480	2 277	488	3 564
辽宁省	13 270	2 973	10 297	2 450	6 335	4 485	3 933	4 514
吉林省	7 180	422	6 758	336	3 329	3 515	1 477	3 976
黑龙江省	4 697	102	4 595	257	1 413	3 027	1 024	2 268
上海市	10 513	533	9 980	1 244	7 589	1 680		
江苏省	34 250	6 961	27 289	3 015	17 679	13 556	6 285	13 625
浙江省	15 806	1 183	14 623	442	6 351	9 013	1 890	2 562
安徽省	12 494	1 143	11 351	757	4 766	6 971	3 204	6 371
福建省	18 979	3 108	15 871	875	12 369	5 735	598	4 147
江西省	3 999	165	3 834	118	1 880	2 001	373	2 559
山东省	11 322	1 782	9 540	504	5 997	4 821	2 028	5 573
河南省	4 433	1 242	3 191	433	1 991	2 009	1 110	2 828
湖北省	4 276	301	3 975	327	2 395	1 554	999	2 278
湖南省	13 836	2 788	11 048	1 413	7 151	5 272	2 197	7 241
广东省	185 890	49 754	136 136	23 636	80 892	81 362	26 565	39 337
广西壮族自治区	4 798	1 389	3 409	20	2 937	1 841	822	2 178
海南省	5 874	1 745	4 129	198	2 432	3 244	1 141	2 076
重庆市	6 823	1 383	5 440	133	4 983	1 707	1 058	5 288
四川省	23 129	3 881	19 248	2 995	11 234	8 900	6 153	13 124
贵州省	7 953	1 265	6 688	961	3 802	3 190	1 475	4 771
云南省	8 211	522	7 689	813	2 239	5 159	551	4 838
西藏自治区	2 697	97	2 600	73	768	1 856	297	2 086
陕西省	13 443	2 756	10 687	1 571	8 600	3 272	2 724	6 815
甘肃省	4 858	159	4 699	492	2 517	1 849	1 605	1 799
青海省	1 022	12	1 010	90	527	405	89	283
宁夏回族自治区	165		165	4	46	115	5	28
新疆维吾尔自治区	3 098	447	2 651	306	1 336	1 456	461	999

员 总 数

自地区				居住处所					
省外		港澳台	国外	旅店	居民家中	单位内部	工地现场	租赁房屋	其他
市	县								
9	10	11	12	13	14	15	16	17	18
101 690	**162 824**	**156**	**337**	**4 453**	**271 813**	**32 177**	**5 511**	**140 403**	**28 671**
19 255	25 796	16	90	36	27 423	2 391	1 296	11 596	2 415
864	1 149	1		11	850	109	14	858	172
197	1 170			67	2 734	9	12	287	278
358	589			340	1 904	177	54	760	33
398	1 736			40	5 060	18	20	898	150
2 614	2 203		6	73	8 144	705	255	3 325	768
365	1 362			93	5 913	16	46	806	306
488	917			11	2 714	10	20	1 736	206
2 949	7 564				622	495	11	5 847	3 538
4 714	9 625		1	456	20 014	3 359	515	7 941	1 965
3 718	7 628		8	7	8 507	1 062	38	5 910	282
1 091	1 814	2	12	196	7 094	261	226	4 353	364
1 073	13 124		37	48	13 961	1 187	42	3 548	193
62	1 005			3	2 333	1	44	820	798
2 035	1 660	10	16	123	7 165	539	134	1 439	1 922
195	287	8	5	127	3 720	132	67	289	98
262	737			14	3 476	134	62	417	173
1 848	2 541	6	3	112	8 722	2 837	340	1 099	726
50 887	68 876	102	123	1 252	88 709	12 586	612	70 869	11 862
520	1 276	2			2 783	521	196	1 251	47
1 251	1 406				3 521	1 014	20	1 215	104
91	385	1			4 340	504	2	1 618	359
1 676	2 136	8	32	504	15 018	1 561	878	4 868	300
681	1 026			26	5 044	357	191	1 962	373
822	2 000			97	5 671	241	10	2 118	74
82	232			2	1 956	212	6	50	471
1 323	2 581			171	8 590	1 643	333	2 492	214
876	574		4	32	4 044	8	5	717	52
487	163			85	408	18	38	80	393
15	117				165				
493	1 145			527	1 208	70	24	1234	35

投　靠　亲　友

	合计	性别		暂住时间			来	
		男	女	一个月以下	一个月至一年	一年以上	省内	
							市	县
	1	2	3	4	5	6	7	8
全　　国	**3 546 124**	**1 605 204**	**1 940 920**	**421 285**	**1 773 608**	**1 351 231**	**456 032**	**963 984**
北　京　市	116 481	53 057	63 424	19 211	44 862	52 408		
天　津　市	81 830	26 156	55 674	327	43 525	37 978		
河　北　省	39 954	17 962	21 992	2 054	13 848	24 052	9 404	13 966
山　西　省	31 519	14 611	16 908	3 597	10 783	17 139	6 003	14 735
内蒙古自治区	77 051	39 837	37 214	11 001	24 372	41 678	10 913	43 359
辽　宁　省	56 520	28 112	28 408	8 858	21 823	25 839	14 710	18 878
吉　林　省	53 690	26 475	27 215	6 708	16 344	30 638	13 516	22 899
黑 龙 江 省	31 016	14 747	16 269	3 821	9 458	17 737	6 950	15 380
上　海　市	539 437	206 053	333 384	50 611	384 406	104 420		
江　苏　省	574 367	243 756	330 611	52 069	242 980	279 318	36 041	156 123
浙　江　省	112 441	47 375	65 066	3 161	69 001	40 279	14 381	13 736
安　徽　省	116 133	56 777	59 356	9 109	50 938	56 086	27 070	50 700
福　建　省	61 043	28 796	32 247	3 593	32 229	25 221	6 379	11 553
江　西　省	8 550	4 164	4 386	777	5 399	2 374	1 868	3 219
山　东　省	70 236	31 578	38 658	6 292	33 742	30 202	16 162	26 073
河　南　省	74 086	32 146	41 940	3 573	34 835	35 678	24 892	33 767
湖　北　省	81 703	32 803	48 900	5 944	24 468	51 291	16 027	36 302
湖　南　省	43 908	21 554	22 354	8 365	22 718	12 825	13 213	19 264
广　东　省	717 047	354 326	362 721	126 725	354 411	235 911	104 193	161 720
广西壮族自治区	51 768	30 971	20 797	3 993	23 153	24 622	13 241	20 651
海　南　省	16 590	8 874	7 716	2 498	7 099	6 993	2 747	4 857
重　庆　市	236 581	98 871	137 710	7 295	156 729	72 557	44 205	135 059
四　川　省	154 258	80 947	73 311	39 449	64 860	49 949	38 023	78 866
贵　州　省	38 445	20 780	17 665	3 444	13 082	21 919	8 510	16 242
云　南　省	34 829	17 607	17 222	3 966	11 560	19 303	5 945	15 814
西藏自治区	7 692	4 267	3 425	1 839	4 278	1 575	496	3 652
陕　西　省	27 516	17 800	9 716	4 334	15 130	8 052	5 625	11 621
甘　肃　省	28 747	14 498	14 249	4 589	13 335	10 823	5 035	17 213
青　海　省	8 924	3 621	5 303	1 450	2 957	4 517	910	3 545
宁夏回族自治区	1 570	1 013	557	133	1 023	414	275	356
新疆维吾尔自治区	52 192	25 670	26 522	22 499	20 260	9 433	9 298	14 434

人员总数

自地区				居住处所					
省外		港澳台	国外	旅店	居民家中	单位内部	工地现场	租赁房屋	其他
市	县								
9	10	11	12	13	14	15	16	17	18
647 502	**1 441 682**	**11 978**	**24 946**	**59 050**	**1 440 590**	**178 560**	**51 869**	**1 372 843**	**443 212**
50 857	60 008	775	4 841	6 416	58 667	5 489	7 804	34 185	3 920
44 696	37 122	11	1	45	71 117	1 113	185	7 176	2 194
6 379	10 105	5	95	1 847	23 955	1 707	835	5 469	6 141
3 464	7 244	28	45	984	21 355	1 104	250	5 699	2 127
5 620	17 061	74	24	1 704	39 928	3 590	1 967	20 149	9 713
8 411	13 292	354	875	1 164	32 183	2 947	2 521	13 351	4 354
6 575	10 394	12	294	346	40 876	515	766	8 078	3 109
2 799	5 667	10	210	1 034	16 063	670	410	7 349	5 490
158 461	380 351	472	153		93 400	16 738	405	173 003	255 891
50 698	330 912	226	367	3 953	132 258	33 432	5 645	376 608	22 471
25 961	52 345	451	5 567	776	43 021	6 095	536	58 808	3 205
13 500	24 620	102	141	1 695	72 201	4 734	3 424	31 076	3 003
5 083	28 786	2 160	7 082	443	45 310	1 090	756	11 878	1 566
1 234	2 164	35	30	262	6 050	648	122	1 237	231
12 283	15 417	58	243	1 401	44 914	4 656	1 319	13 661	4 285
6 865	8 523	31	8	2 651	58 406	3 462	315	7 362	1 890
9 715	19 462	43	154	449	52 967	4 275	624	13 148	10 240
5 261	5 824	213	133	2 402	18 834	5 398	1 638	12 800	2 836
158 469	282 326	6 388	3 951	5 927	138 873	51 054	3 500	446 267	71 426
6 582	11 280	3	11	166	26 554	4 865	1 121	17 480	1 582
4 168	4 544	143	131	1 871	6 319	1 115	1 065	5 120	1 100
15 191	42 062	62	2	80	197 826	3 394	326	28 356	6 599
15 115	21 505	257	492	4 905	95 903	7 070	7 977	32 993	5 410
7 367	6 264	40	22	526	19 621	981	1 986	13 659	1 672
4 102	8 967		1	1 234	17 994	3 556	527	7 417	4 101
710	2 834			162	5 504	473	60	1 373	120
3 845	6 424	1		563	11 282	4 639	3 063	6 826	1 143
2 642	3 830	1	26	356	16 910	1 799	904	3 944	4 834
1 050	3 419			206	7 219	267	187	417	628
525	413	1		8	842	169	142	407	2
9 874	18 517	22	47	15 474	24 238	1 515	1 489	7 547	1 929

探亲访友

	合计	性别		暂住时间			来	
		男	女	一个月以下	一个月至一年	一年以上	省内	
							市	县
	1	2	3	4	5	6	7	8
全国	**1 258 783**	**649 333**	**609 450**	**432 934**	**548 936**	**276 913**	**209 084**	**365 347**
北京市	66 759	35 796	30 963	20 411	24 286	22 062		
天津市	15 311	7 179	8 132	308	11 255	3 748		
河北省	8 768	5 016	3 752	1 519	4 660	2 589	2 587	2 597
山西省	15 509	8 196	7 313	5 279	6 876	3 354	3 608	5 855
内蒙古自治区	21 651	11 668	9 983	6 264	10 047	5 340	4 905	7 440
辽宁省	22 039	11 826	10 213	7 411	9 575	5 053	6 036	5 716
吉林省	15 909	8 623	7 286	7 468	6 046	2 395	3 954	6 295
黑龙江省	10 117	5 476	4 641	4 436	3 682	1 999	2 557	3 835
上海市	95 104	38 674	56 430	11 460	62 897	20 747		
江苏省	91 350	49 102	42 248	40 047	40 302	11 001	14 915	33 008
浙江省	41 102	19 339	21 763	15 509	20 956	4 637	4 243	7 463
安徽省	24 336	12 800	11 536	4 714	11 070	8 552	6 786	7 844
福建省	21 443	11 787	9 656	5 289	11 912	4 242	1 778	2 590
江西省	2 676	1 498	1 178	929	1 293	454	579	907
山东省	41 746	22 400	19 346	11 138	15 619	14 989	8 888	14 049
河南省	41 801	18 148	23 653	3 363	20 129	18 309	13 296	21 957
湖北省	18 670	9 246	9 424	4 704	7 752	6 214	4 849	5 738
湖南省	20 508	11 165	9 343	5 343	12 596	2 569	5 185	9 900
广东省	257 704	125 732	131 972	79 078	110 073	68 553	33 328	40 500
广西壮族自治区	18 777	11 119	7 658	9 681	7 481	1 615	1 944	11 163
海南省	8 309	4 083	4 226	2 607	2 997	2 705	1 146	1 937
重庆市	101 407	50 947	50 460	39 549	51 016	10 842	19 702	66 819
四川省	100 836	53 602	47 234	36 288	50 481	14 067	27 707	41 199
贵州省	10 176	5 378	4 798	2 292	3 472	4 412	2 076	3 431
云南省	14 559	7 847	6 712	2 292	5 310	6 957	2 823	7 916
西藏自治区	3 664	2 080	1 584	1 645	1 447	572	347	1 863
陕西省	12 107	7 336	4 771	4 532	5 161	2 414	2 428	5 224
甘肃省	28 132	17 630	10 502	22 835	3 784	1 513	8 987	13 853
青海省	4 573	2 228	2 345	1 913	1 544	1 116	409	1 498
宁夏回族自治区	316	168	148	91	214	11	80	36
新疆维吾尔自治区	123 424	73 244	50 180	74 539	25 003	23 882	23 941	34 714

人员总数

自地区				居住处所					
省外		港澳台	国外	旅店	居民家中	单位内部	工地现场	租赁房屋	其他
市	县								
9	10	11	12	13	14	15	16	17	18
235 470	**366 887**	**32 346**	**49 649**	**210 639**	**550 215**	**68 680**	**19 438**	**329 404**	**80 407**
31 027	28 830	1 204	5 698	17 850	22 027	4 113	1 170	15 756	5 843
8 112	7 197	2		45	10 417	599	74	3 613	563
1 822	1 732	4	26	306	5 099	268	165	1 614	1 316
2 953	3 011	39	43	1 590	10 701	337	253	2 130	498
2 050	7 197	8	51	2 065	10 519	1 265	2 528	3 770	1 504
4 158	4 871	217	1 041	2 238	11 971	1 151	807	4 975	897
2 002	3 193	38	427	3 493	10 619	128	208	1 044	417
1 480	2 001	27	217	1 398	6 350	82	100	1 367	820
21 337	53 893	10 319	9 555	208	14 924	8 957	202	54 067	16 746
15 757	25 134	1 213	1 323	12 942	42 293	9 209	1 097	16 300	9 509
6 321	12 526	1 122	9 427	3 837	19 101	1 143	458	15 283	1 280
3 802	5 748	76	80	1 582	12 962	757	414	7 632	989
2 549	5 269	4 199	5 058	2 410	13 335	803	113	4 410	372
474	530	138	48	224	1 695	246	75	234	202
7 830	9 516	309	1 154	2 666	21 332	3 765	549	12 338	1 096
2 739	3 748	24	37	9 291	24 150	4 186	181	2 993	1 000
2 198	3 791	1 211	883	1 073	12 077	887	219	2 043	2 371
2 485	2 260	455	223	3 988	10 379	950	1 037	3 033	1 121
57 922	105 657	10 218	10 079	15 654	75 860	15 938	2 202	127 523	20 527
1 404	4 194	34	38	8 468	5 750	842	41	1 961	1 715
1 916	2 416	437	457	451	2 919	632	288	3 403	616
4 852	9 915	48	71	1 264	83 637	5 918	1 031	6 642	2 915
15 332	15 030	808	760	11 943	61 686	2 633	2 721	19 619	2 234
2 083	2 476	52	58	485	5 688	248	354	3 093	308
1 059	2 755	1	5	1 922	7 009	400	456	2 845	1 927
422	1 031		1	206	2 236	482	59	562	119
1 851	2 474	38	92	2 612	5 349	1 071	281	2 612	182
1 784	3 494	1	13	16 500	9 496	303	572	949	312
869	1 797			862	2 616	167	178	508	242
149	51			15	131	36	64	68	2
26 731	35 150	104	2 784	83 051	27 887	1 164	1 541	7 017	2 764

旅游观光

	合计	性别		暂住时间			来	
		男	女	一个月以下	一个月至一年	一年以上	省内	
							市	县
	1	2	3	4	5	6	7	8
全国	**3 532 124**	**2 118 570**	**1 413 554**	**3 114 988**	**315 131**	**102 005**	**681 992**	**632 683**
北京市	73 413	44 769	28 644	52 369	16 740	4 304		
天津市	141	87	54	20	100	21		
河北省	1 141	565	576	874	255	12	162	171
山西省	17 252	8 893	8 359	15 386	1 331	535	3 833	4 711
内蒙古自治区	22 450	14 568	7 882	21 464	941	45	3 322	5 624
辽宁省	27 514	13 892	13 622	22 736	2 516	2 262	8 015	5 269
吉林省	13 763	8 087	5 676	11 595	1 596	572	3 213	4 919
黑龙江省	12 329	6 698	5 631	11 710	462	157	4 660	2 334
上海市	14 687	7 585	7 102	3 653	7 733	3 301		
江苏省	82 148	48 033	34 115	64 735	13 334	4 079	17 998	16 885
浙江省	49 970	26 901	23 069	45 280	4 660	30	8 130	7 537
安徽省	9 317	6 188	3 129	5 037	2 662	1 618	2 783	2 129
福建省	18 270	11 245	7 025	15 074	2 665	531	7 189	3 753
江西省	1 517	901	616	1 358	111	48	255	554
山东省	18 347	9 884	8 463	9 404	5 240	3 703	4 708	2 974
河南省	17 133	11 321	5 812	1 812	8 916	6 405	6 081	6 046
湖北省	13 366	8 115	5 251	11 506	1 264	596	821	1 272
湖南省	16 253	8 796	7 457	9 274	5 645	1 334	4 956	4 385
广东省	124 418	65 553	58 865	65 993	37 295	21 130	22 608	19 032
广西壮族自治区	296 206	186 873	109 333	291 860	3 723	623	171 099	68 151
海南省	30 099	17 061	13 038	17 628	9 527	2 944	3 754	2 339
重庆市	15 649	7 775	7 874	6 545	7 781	1 323	7 604	5 578
四川省	96 933	51 431	45 502	89 220	4 647	3 066	30 591	25 783
贵州省	5 641	2 966	2 675	4 128	886	627	1 033	1 117
云南省	17 077	9 936	7 141	2 601	8 905	5 571	3 435	9 215
西藏自治区	3 696	2 280	1 416	2 867	681	148	135	575
陕西省	27 501	15 829	11 672	11 999	11 623	3 879	4 939	9 355
甘肃省	195 492	134 583	60 909	193 507	756	1 229	32 548	71 375
青海省	76 625	39 991	36 634	31 401	19 822	25 402	2 916	10 801
宁夏回族自治区	3 587	2 771	816	3 562		25	487	124
新疆维吾尔自治区	2 230 189	1 344 993	885 196	2 090 390	133 314	6 485	324 717	340 675

人 员 总 数

来自地区				居住处所					
省外		港澳台	国外	旅店	居民家中	单位内部	工地现场	租赁房屋	其他
市	县								
9	10	11	12	13	14	15	16	17	18
1 286 065	**744 385**	**70 311**	**116 688**	**3 068 459**	**98 929**	**32 532**	**6 994**	**113 605**	**211 605**
27 711	18 033	12 436	15 233	57 330	7 566	1 579	177	5 964	797
91	50			19	78	4	2	30	8
296	507	1	4	433	173	41	115	347	32
4 016	4 453	137	102	13 871	1 287	526	1	570	997
9 461	3 940	23	80	19 534	2 696			148	72
7 482	3 741	501	2 506	19 962	2 442	296	400	3 518	896
3 671	1 313	9	638	10 178	1 099	104	13	2 206	163
3 155	1 617	367	196	11 506	348	55	3	171	246
1 924	4 706	2 045	6 012	889	1 909	1 822	23	9 127	917
14 457	16 118	7 852	8 838	51 755	12 387	5 712	147	8 284	3 863
16 247	13 019	1 341	3 696	43 109	3 012	502	3	2 827	517
2 174	2 135	26	70	3 976	1 719	350	20	2 586	666
4 018	2 171	622	517	16 877	688	145	4	297	259
287	383	16	22	1 335	55		7	97	23
4 321	5 674	154	516	10 041	1 692	1 292	2 680	1 615	1 027
2 982	1 936	13	75	12 214	1 674	1 551	23	533	1 138
1 163	799	3 432	5 879	4 012	892	203	37	314	7 908
3 113	2 477	531	791	12 560	1 121	1 027	40	850	655
28 930	42 893	4 292	6 663	65 584	15 060	6 706	629	27 519	8 920
40 969	14 378	957	652	290 219	294	6	3	5 668	16
18 303	5 096	180	427	14 160	8 303	502	76	6 178	880
1 004	1 461	2		5 009	3 235	160	11	1 922	5 312
22 581	16 488	398	1 092	82 630	9 567	1 015	198	2 234	1 289
1 818	1 592	33	48	2 859	1 184	103	172	926	397
2 021	2 369	29	8	6 103	2 521	1 339	50	5 094	1 970
2 097	754	52	83	2 495	579		12	96	514
5 891	7 049	7	260	21 740	2 069	524	120	3 010	38
34 740	37 678	9 405	9 746	193 103	939	156	59	539	696
36 476	26 388	42	2	61 132	4 446	1 624	830	3 395	5 198
1 894	452	150	480	3 562	12			3	10
982 772	504 715	25 258	52 052	2 030 262	9 882	5 188	1 139	17 537	166 181

各省、自治区、直辖市
暂住人口情况

北

		合计	性别		暂住时间			来	
								省内	
			男	女	一个月以下	一个月至一年	一年以上	市	县
甲		1	2	3	4	5	6	7	8
合计	1	**7 602 367**	**4 417 388**	**3 184 979**	**597 488**	**4 040 957**	**2 963 922**		
务工	2	4 927 390	2 908 865	2 018 525	292 795	2 779 400	1 855 195		
务农	3	162 446	98 276	64 170	16 494	78 677	67 275		
经商	4	1 158 455	690 049	468 406	84 828	580 544	493 083		
服务	5	643 112	357 191	285 921	50 380	294 926	297 806		
因公出差	6	78 266	46 455	31 811	28 916	32 025	17 325		
借读培训	7	191 203	95 601	95 602	13 770	108 939	68 494		
治病疗养	8	16 787	8 398	8 389	3 485	8 682	4 620		
保姆	9	45 157	13 056	32 101	4 026	17 902	23 229		
投靠亲友	10	116 481	53 057	63 424	19 211	44 862	52 408		
探亲访友	11	66 759	35 796	30 963	20 411	24 286	22 062		
旅游观光	12	73 413	44 769	28 644	52 369	16 740	4 304		
其他	13	122 898	65 875	57 023	10 803	53 974	58 121		

京

自	地	区		居	住	处	所		
省外		港澳台	国外	旅店	居民家中	单位内部	工地现场	租赁房屋	其他
市	县								
9	10	11	12	13	14	15	16	17	18
2 932 120	**4 534 443**	**33 968**	**101 836**	**256 589**	**1 206 483**	**1 600 710**	**834 253**	**3 516 207**	**188 125**
1 794 521	3 107 432	3 511	21 926	44 027	672 699	1 124 998	705 762	2 300 750	79 154
61 106	101 340			1 450	28 623	30 695	13 227	78 226	10 225
509 666	614 482	12 208	22 099	56 183	235 042	151 403	58 628	629 215	27 984
273 676	364 690	1 561	3 185	10 369	88 900	172 748	30 366	313 130	27 599
36 433	33 250	1 082	7 501	36 864	6 249	15 945	1 592	16 230	1 386
76 296	99 124	398	15 385	13 502	29 295	70 631	5 920	58 140	13 715
8 528	8 064	57	138	3 770	5 207	823	217	5 784	986
19 255	25 796	16	90	36	27 423	2 391	1 296	11 596	2 415
50 857	60 008	775	4 841	6 416	58 667	5 489	7 804	34 185	3 920
31 027	28 830	1 204	5 698	17 850	22 027	4 113	1 170	15 756	5 843
27 711	18 033	12 436	15 233	57 330	7 566	1 579	177	5 964	797
43 044	73 394	720	5 740	8 792	24 785	19 895	8 094	47 231	14 101

天

		合计	性别		暂住时间			来	
			男	女	一个月以下	一个月至一年	一年以上	省内	
								市	县
甲		1	2	3	4	5	6	7	8
合计	1	**3 701 241**	**2 351 727**	**1 349 514**	**34 570**	**3 121 404**	**545 267**		
务工	2	3 088 137	2 033 105	1 055 032	26 242	2 719 824	342 071		
务农	3	30 590	18 689	11 901	258	24 718	5 614		
经商	4	96 360	58 106	38 254	1 084	70 781	24 495		
服务	5	48 891	25 528	23 363	242	34 441	14 208		
因公出差	6	874	740	134	91	574	209		
借读培训	7	59 980	32 408	27 572	321	39 831	19 828		
治病疗养	8	459	234	225	16	346	97		
保姆	9	2 014	141	1 873	5	1 757	252		
投靠亲友	10	81 830	26 156	55 674	327	43 525	37 978		
探亲访友	11	15 311	7 179	8 132	308	11 255	3 748		
旅游观光	12	141	87	54	20	100	21		
其他	13	276 654	149 354	127 300	5 656	174 252	96 746		

津

自地区				居住处所					
省外		港澳台	国外	旅店	居民家中	单位内部	工地现场	租赁房屋	其他
市	县								
9	10	11	12	13	14	15	16	17	18
1 279 616	**2 420 685**	**806**	**134**	**37 834**	**733 754**	**1 171 163**	**576 920**	**843 435**	**338 135**
973 691	2 113 660	669	117	26 570	460 046	1 079 629	566 282	728 484	227 126
6 584	23 997	3	6	139	9 964	7 647	3 571	6 843	2 426
39 511	56 810	33	6	447	29 354	7 594	865	32 655	25 445
17 463	31 405	21	2	270	5 577	16 186	969	12 158	13 731
537	331	6		226	170	206	19	140	113
30 590	29 387	2	1	75	7 868	34 966	1 481	8 770	6 820
278	181			2	281	45	1	104	26
864	1 149	1		11	850	109	14	858	172
44 696	37 122	11	1	45	71 117	1 113	185	7 176	2 194
8 112	7 197	2		45	10 417	599	74	3 613	563
91	50			19	78	4	2	30	8
157 199	119 396	58	1	9 985	138 032	23 065	3 457	42 604	59 511

河

		合计	性别		暂住时间			来	
								省内	
			男	女	一个月以下	一个月至一年	一年以上	市	县
甲		1	2	3	4	5	6	7	8
合计	**1**	**2 010 862**	**1 301 395**	**709 467**	**64 422**	**1 191 387**	**755 053**	**312 602**	**645 327**
务工	2	1 334 431	914 384	420 047	34 980	852 777	446 674	181 452	423 495
务农	3	18 033	11 163	6 870	2 875	9 522	5 636	2 932	6 460
经商	4	231 681	148 017	83 664	5 115	110 974	115 592	36 791	72 069
服务	5	159 527	74 134	85 393	3 710	105 324	50 493	28 758	61 528
因公出差	6	2 076	1 455	621	1 161	420	495	481	584
借读培训	7	76 314	42 703	33 611	5 929	17 734	52 651	27 332	19 595
治病疗养	8	1 658	879	779	151	301	1 206	183	556
保姆	9	3 387	263	3 124	506	2 101	780	401	1 619
投靠亲友	10	39 954	17 962	21 992	2 054	13 848	24 052	9 404	13 966
探亲访友	11	8 768	5 016	3 752	1 519	4 660	2 589	2 587	2 597
旅游观光	12	1 141	565	576	874	255	12	162	171
其他	13	133 892	84 854	49 038	5 548	73 471	54 873	22 119	42 687

北

自地区				居住处所					
省外		港澳台	国外	旅店	居民家中	单位内部	工地现场	租赁房屋	其他
市	县								
9	10	11	12	13	14	15	16	17	18
303 215	**748 409**	**133**	**1 176**	**21 743**	**213 548**	**408 643**	**418 904**	**707 692**	**240 332**
198 955	530 336	22	171	8 761	102 500	319 369	387 953	405 543	110 305
2 361	6 270	5	5	209	2 951	3 771	1 688	5 160	4 254
42 093	80 446	55	227	2 051	30 792	25 933	11 004	142 650	19 251
21 805	47 392		44	3 797	14 730	35 708	7 089	89 712	8 491
529	446	9	27	962	215	296	190	264	149
11 840	17 148	9	390	1 349	8 932	8 781	1 652	11 830	43 770
356	561	1	1	37	257	194	11	695	464
197	1 170			67	2 734	9	12	287	278
6 379	10 105	5	95	1 847	23 955	1 707	835	5 469	6 141
1 822	1 732	4	26	306	5 099	268	165	1 614	1 316
296	507	1	4	433	173	41	115	347	32
16 582	52 296	22	186	1 924	21 210	12 566	8 190	44 121	45 881

山

		合计	性别		暂住时间			来	
			男	女	一个月以下	一个月至一年	一年以上	省内	
								市	县
甲		1	2	3	4	5	6	7	8
合计	1	**1 747 614**	**1 152 852**	**594 762**	**163 796**	**799 571**	**784 247**	**290 106**	**662 731**
务工	2	990 924	721 129	269 795	77 148	516 118	397 658	139 580	335 741
务农	3	7 735	5 722	2 013	575	3 719	3 441	1 498	2 322
经商	4	162 108	102 261	59 847	6 893	79 324	75 891	34 548	59 217
服务	5	241 832	127 520	114 312	17 857	111 477	112 498	39 129	117 409
因公出差	6	14 551	9 818	4 733	9 835	3 114	1 602	4 082	4 745
借读培训	7	32 192	18 040	14 152	4 734	14 428	13 030	7 620	15 513
治病疗养	8	4 309	2 234	2 075	1 719	1 830	760	1 013	1 956
保姆	9	3 268	1 152	2 116	211	1 939	1 118	409	1 912
投靠亲友	10	31 519	14 611	16 908	3 597	10 783	17 139	6 003	14 735
探亲访友	11	15 509	8 196	7 313	5 279	6 876	3 354	3 608	5 855
旅游观光	12	17 252	8 893	8 359	15 386	1 331	535	3 833	4 711
其他	13	226 415	133 276	93 139	20 562	48 632	157 221	48 783	98 615

西

自地区				居住处所					
省外		港澳台	国外	旅店	居民家中	单位内部	工地现场	租赁房屋	其他
市	县								
9	10	11	12	13	14	15	16	17	18
240 051	**553 642**	**344**	**740**	**61 622**	**165 539**	**335 874**	**336 573**	**616 509**	**231 497**
142 814	372 675	71	43	15 214	75 831	230 260	314 813	311 567	43 239
1 560	2 355			228	1 525	1 456	2 114	1 821	591
23 355	44 920	23	45	3 984	20 605	20 006	6 536	97 662	13 315
24 871	60 388	4	31	3 753	14 540	51 846	6 200	143 313	22 180
2 916	2 783	3	22	10 335	255	1 708	150	1 380	723
4 503	4 528		28	1 346	4 557	13 126	199	7 220	5 744
364	801		175	677	987	847		1 148	650
358	589			340	1 904	177	54	760	33
3 464	7 244	28	45	984	21 355	1 104	250	5 699	2 127
2 953	3 011	39	43	1 590	10 701	337	253	2 130	498
4 016	4 453	137	102	13 871	1 287	526	1	570	997
28 877	49 895	39	206	9 300	11 992	14 481	6 003	43 239	141 400

内　蒙

		合计	性别		暂住时间			来	
								省内	
			男	女	一个月以下	一个月至一年	一年以上	市	县
甲		1	2	3	4	5	6	7	8
合　计	1	**2 465 751**	**1 594 648**	**871 103**	**307 213**	**1 162 381**	**996 157**	**374 699**	**998 049**
务　工	2	1 466 534	1 043 520	423 014	154 654	759 545	552 335	200 368	573 637
务　农	3	62 759	34 341	28 418	8 594	22 243	31 922	6 870	23 862
经　商	4	259 646	160 030	99 616	24 704	99 685	135 257	48 050	95 157
服　务	5	245 048	114 193	130 855	28 350	131 457	85 241	39 231	103 603
因公出差	6	9 416	6 161	3 255	6 238	1 796	1 382	3 060	2 503
借读培训	7	96 306	51 303	45 003	8 303	36 640	51 363	22 035	55 502
治病疗养	8	5 075	2 932	2 143	2 282	2 191	602	1 713	2 810
保　姆	9	6 186	199	5 987	429	3 480	2 277	488	3 564
投靠亲友	10	77 051	39 837	37 214	11 001	24 372	41 678	10 913	43 359
探亲访友	11	21 651	11 668	9 983	6 264	10 047	5 340	4 905	7 440
旅游观光	12	22 450	14 568	7 882	21 464	941	45	3 322	5 624
其　他	13	193 629	115 896	77 733	34 930	69 984	88 715	33 744	80 988

古

自地区				居住处所					
省外		港澳台	国外	旅店	居民家中	单位内部	工地现场	租赁房屋	其他
市	县								
9	10	11	12	13	14	15	16	17	18
308 678	**781 490**	**1 801**	**1 034**	**70 589**	**275 862**	**359 460**	**678 191**	**848 788**	**232 861**
167 766	523 472	1 066	225	16 542	107 130	211 456	625 321	418 908	87 177
14 941	17 086			159	27 083	1 837	6 197	23 425	4 058
46 986	69 197	109	147	8 821	24 041	32 241	11 308	156 743	26 492
29 758	72 299	148	9	5 338	20 675	57 246	7 727	132 878	21 184
2 265	1 550	20	18	6 721	538	1 025	101	750	281
6 457	11 955	3	354	1 545	5 710	26 867	1 162	26 046	34 976
178	283		91	315	836	2 941		614	369
398	1 736			40	5 060	18	20	898	150
5 620	17 061	74	24	1 704	39 928	3 590	1 967	20 149	9 713
2 050	7 197	8	51	2 065	10 519	1 265	2 528	3 770	1 504
9 461	3 940	23	80	19 534	2 696			148	72
22 798	55 714	350	35	7 805	31 646	20 974	21 860	64 459	46 885

甲		合计	性别		暂住时间			来	
			男	女	一个月以下	一个月至一年	一年以上	省内	
								市	县
甲		1	2	3	4	5	6	7	8
合计	1	**2 597 308**	**1 608 538**	**988 770**	**275 548**	**1 289 917**	**1 031 843**	**472 670**	**858 713**
务工	2	1 412 743	919 234	493 509	153 280	729 511	529 952	229 689	469 913
务农	3	102 028	60 810	41 218	7 846	49 815	44 367	20 654	33 201
经商	4	194 601	121 697	72 904	15 448	86 374	92 779	46 853	57 880
服务	5	212 837	106 557	106 280	13 231	115 233	84 373	41 794	64 589
因公出差	6	10 483	6 950	3 533	5 696	3 297	1 490	3 163	2 501
借读培训	7	128 531	67 823	60 708	6 930	52 891	68 710	35 485	41 179
治病疗养	8	6 503	3 885	2 618	2 357	2 693	1 453	2 604	2 124
保姆	9	13 270	2 973	10 297	2 450	6 335	4 485	3 933	4 514
投靠亲友	10	56 520	28 112	28 408	8 858	21 823	25 839	14 710	18 878
探亲访友	11	22 039	11 826	10 213	7 411	9 575	5 053	6 036	5 716
旅游观光	12	27 514	13 892	13 622	22 736	2 516	2 262	8 015	5 269
其他	13	410 239	264 779	145 460	29 305	209 854	171 080	59 734	152 949

宁

自地区				居住处所					
省外		港澳台	国外	旅店	居民家中	单位内部	工地现场	租赁房屋	其他
市	县								
9	10	11	12	13	14	15	16	17	18
373 788	**873 386**	**1 733**	**17 018**	**48 850**	**298 603**	**484 256**	**471 220**	**1 138 607**	**155 772**
200 101	508 063	201	4 776	6 197	116 972	280 657	360 699	598 085	50 133
12 699	35 451		23	539	28 183	12 915	10 109	44 719	5 563
32 994	53 372	297	3 205	6 446	29 862	24 587	13 918	107 648	12 140
35 139	69 655	63	1 597	2 340	23 956	56 696	18 365	103 481	7 999
2 294	1 952	38	535	5 524	899	1 252	72	1 683	1 053
19 189	31 138	38	1 502	943	11 106	43 226	5 173	27 177	40 906
926	826		23	400	1 329	2 404	590	1 118	662
2 614	2 203		6	73	8 144	705	255	3 325	768
8 411	13 292	354	875	1 164	32 183	2 947	2 521	13 351	4 354
4 158	4 871	217	1 041	2 238	11 971	1 151	807	4 975	897
7 482	3 741	501	2 506	19 962	2 442	296	400	3 518	896
47 781	148 822	24	929	3 024	31 556	57 420	58 311	229 527	30 401

吉

甲		合计	性别		暂住时间			来	
			男	女	一个月以下	一个月至一年	一年以上	省内	
								市	县
甲		1	2	3	4	5	6	7	8
合计	1	**1 031 973**	**601 204**	**430 769**	**105 057**	**407 520**	**519 396**	**260 663**	**428 819**
务工	2	455 543	294 740	160 803	34 604	210 880	210 059	108 922	187 396
务农	3	82 924	48 670	34 254	7 217	22 521	53 186	18 286	40 977
经商	4	164 242	95 465	68 777	12 085	57 540	94 617	43 819	65 490
服务	5	92 038	42 682	49 356	8 859	41 967	41 212	22 614	39 024
因公出差	6	11 119	7 135	3 984	4 334	4 376	2 409	2 534	3 241
借读培训	7	38 139	20 266	17 873	1 237	9 171	27 731	13 011	13 890
治病疗养	8	2 529	1 399	1 130	744	1 052	733	528	1 284
保姆	9	7 180	422	6 758	336	3 329	3 515	1 477	3 976
投靠亲友	10	53 690	26 475	27 215	6 708	16 344	30 638	13 516	22 899
探亲访友	11	15 909	8 623	7 286	7 468	6 046	2 395	3 954	6 295
旅游观光	12	13 763	8 087	5 676	11 595	1 596	572	3 213	4 919
其他	13	94 897	47 240	47 657	9 870	32 698	52 329	28 789	39 428

林

自	地	区		居	住	处	所		
省外		港澳台	国外	旅店	居民家中	单位内部	工地现场	租赁房屋	其他
市	县								
9	10	11	12	13	14	15	16	17	18
140 560	**197 567**	**135**	**4 229**	**33 440**	**271 447**	**88 697**	**179 410**	**358 359**	**100 620**
63 143	95 564	21	497	4 452	80 111	32 604	152 158	166 511	19 707
8 911	14 702		48	600	41 149	2 039	6 699	22 124	10 313
23 885	30 506	18	524	4 052	36 749	13 706	9 784	82 459	17 492
12 444	17 760	21	175	3 087	18 622	22 178	7 282	34 489	6 380
2 514	2 770	2	58	4 350	617	2 153	147	3 530	322
5 306	4 720	5	1 207	711	6 260	10 674	26	9 352	11 116
319	365	3	30	164	840	694	51	570	210
365	1 362			93	5 913	16	46	806	306
6 575	10 394	12	294	346	40 876	515	766	8 078	3 109
2 002	3 193	38	427	3 493	10 619	128	208	1 044	417
3 671	1 313	9	638	10 178	1 099	104	13	2 206	163
11 425	14 918	6	331	1 914	28 592	3 886	2 230	27 190	31 085

黑　龙

甲		合计	性别 男	性别 女	暂住时间 一个月以下	暂住时间 一个月至一年	暂住时间 一年以上	来 省内 市	来 省内 县
		1	2	3	4	5	6	7	8
合计	1	**1 022 129**	**627 313**	**394 816**	**107 839**	**424 379**	**489 911**	**213 938**	**502 801**
务工	2	589 547	390 558	198 989	45 122	277 279	267 146	118 118	295 163
务农	3	93 766	56 246	37 520	7 485	23 977	62 304	14 958	55 812
经商	4	115 458	71 279	44 179	10 034	41 292	64 132	30 209	47 598
服务	5	70 915	32 092	38 823	6 699	28 621	35 595	14 801	33 366
因公出差	6	6 659	4 439	2 220	4 814	1 090	755	2 127	2 277
借读培训	7	14 764	7 591	7 173	1 786	5 918	7 060	3 897	6 261
治病疗养	8	1 705	878	827	560	752	393	614	649
保姆	9	4 697	102	4 595	257	1 413	3 027	1 024	2 268
投靠亲友	10	31 016	14 747	16 269	3 821	9 458	17 737	6 950	15 380
探亲访友	11	10 117	5 476	4 641	4 436	3 682	1 999	2 557	3 835
旅游观光	12	12 329	6 698	5 631	11 710	462	157	4 660	2 334
其他	13	71 156	37 207	33 949	11 115	30 435	29 606	14 023	37 858

江

自地区				居住处所					
省外		港澳台	国外	旅店	居民家中	单位内部	工地现场	租赁房屋	其他
市	县								
9	10	11	12	13	14	15	16	17	18
94 715	**207 097**	**459**	**3 119**	**58 160**	**190 196**	**97 225**	**176 103**	**348 051**	**152 394**
51 015	124 562	15	674	20 839	81 558	62 498	152 012	193 356	79 284
6 707	16 276	1	12	603	34 448	3 000	7 825	27 330	20 560
13 934	23 505	7	205	7 283	23 166	11 133	5 211	54 419	14 246
6 919	15 801		28	1 697	10 690	11 544	3 437	33 615	9 932
1 251	996		8	4 817	331	509	44	247	711
1 482	1 719	16	1 389	341	3 144	4 498	69	4 731	1 981
242	197		3	485	416	159	102	168	375
488	917			11	2 714	10	20	1 736	206
2 799	5 667	10	210	1 034	16 063	670	410	7 349	5 490
1 480	2 001	27	217	1 398	6 350	82	100	1 367	820
3 155	1 617	367	196	11 506	348	55	3	171	246
5 243	13 839	16	177	8 146	10 968	3 067	6 870	23 562	18 543

上

		合计	性别		暂住时间			来	
								省内	
			男	女	一个月以下	一个月至一年	一年以上	市	县
甲		1	2	3	4	5	6	7	8
合计	1	**10 428 758**	**5 772 384**	**4 656 374**	**1 385 348**	**6 728 336**	**2 315 074**		
务工	2	3 704 552	2 208 049	1 496 503	472 615	2 635 425	596 512		
务农	3	88 890	48 931	39 959	9 310	63 557	16 023		
经商	4	300 329	185 301	115 028	43 441	199 383	57 505		
服务	5	26 063	10 223	15 840	2 425	18 092	5 546		
因公出差	6	4 535	3 025	1 510	1 430	2 173	932		
借读培训	7	172 383	97 014	75 369	18 143	129 506	24 734		
治病疗养	8	3 979	2 083	1 896	1 671	1 922	386		
保姆	9	10 513	533	9 980	1 244	7 589	1 680		
投靠亲友	10	539 437	206 053	333 384	50 611	384 406	104 420		
探亲访友	11	95 104	38 674	56 430	11 460	62 897	20 747		
旅游观光	12	14 687	7 585	7 102	3 653	7 733	3 301		
其他	13	5 468 286	2 964 913	2 503 373	769 345	3 215 653	1 483 288		

海

自地区				居住处所					
省外		港澳台	国外	旅店	居民家中	单位内部	工地现场	租赁房屋	其他
市	县								
9	10	11	12	13	14	15	16	17	18
2 562 302	**7 505 909**	**119 505**	**241 042**	**299 806**	**264 028**	**1 339 802**	**185 254**	**5 996 958**	**2 342 910**
822 485	2 864 683	5 928	11 456	743	28 903	801 033	119 008	2 281 706	473 159
18 369	70 521			4	204	11 944	4 541	49 295	22 902
68 083	207 900	15 644	8 702	11 201	9 772	36 860	503	176 960	65 033
5 280	20 768	10	5	56	175	3 003	28	19 832	2 969
978	819	486	2 252	710	498	670	3	2 410	244
39 840	128 544	1 187	2 812	97	4 073	28 433	467	107 406	31 907
1 541	2 438			462	192	153	7	2 395	770
2 949	7 564				622	495	11	5 847	3 538
158 461	380 351	472	153		93 400	16 738	405	173 003	255 891
21 337	53 893	10 319	9 555	208	14 924	8 957	202	54 067	16 746
1 924	4 706	2 045	6 012	889	1 909	1 822	23	9 127	917
1 421 055	3 763 722	83 414	200 095	285 436	109 356	429 694	60 056	3 114 910	1 468 834

江

甲		合计	性别		暂住时间			来	
			男	女	一个月以下	一个月至一年	一年以上	省内	
								市	县
甲		1	2	3	4	5	6	7	8
合计	1	**17 149 562**	**10 135 002**	**7 014 560**	**1 608 014**	**10 173 606**	**5 367 942**	**1 596 306**	**4 495 583**
务工	2	10 766 685	6 647 392	4 119 293	874 671	6 783 837	3 108 177	735 030	2 584 392
务农	3	282 202	159 073	123 129	22 722	141 642	117 838	44 524	102 499
经商	4	1 450 167	881 561	568 606	113 837	808 498	527 832	173 067	413 318
服务	5	1 426 104	719 827	706 277	108 191	746 014	571 899	184 931	409 941
因公出差	6	156 323	120 865	35 458	113 125	31 401	11 797	37 612	34 890
借读培训	7	720 507	412 588	307 919	42 683	328 969	348 855	161 537	314 527
治病疗养	8	33 481	18 740	14 741	21 325	10 041	2 115	9 527	15 849
保姆	9	34 250	6 961	27 289	3 015	17 679	13 556	6 285	13 625
投靠亲友	10	574 367	243 756	330 611	52 069	242 980	279 318	36 041	156 123
探亲访友	11	91 350	49 102	42 248	40 047	40 302	11 001	14 915	33 008
旅游观光	12	82 148	48 033	34 115	64 735	13 334	4 079	17 998	16 885
其他	13	1 531 978	827 104	704 874	151 594	1 008 909	371 475	174 839	400 526

苏

自地区				居住处所					
省外		港澳台	国外	旅店	居民家中	单位内部	工地现场	租赁房屋	其他
市	县								
9	10	11	12	13	14	15	16	17	18
1 987 447	**9 004 107**	**24 827**	**41 292**	**301 676**	**1 504 362**	**4 600 441**	**1 322 512**	**8 437 873**	**982 698**
1 200 819	6 231 033	4 969	10 442	31 897	670 817	3 501 377	1 095 092	5 142 314	325 188
33 380	101 794	3	2	2 146	66 977	29 580	24 769	133 037	25 693
205 237	646 887	4 865	6 793	44 246	171 374	186 285	46 028	902 265	99 969
188 344	641 497	404	987	11 989	133 484	267 316	62 154	853 420	97 741
38 071	37 226	3 549	4 975	97 726	5 497	31 936	4 710	12 593	3 861
72 260	168 694	445	3 044	12 111	76 231	289 338	10 208	179 374	153 245
2 637	5 464		4	3 089	6 465	14 952	39	4 184	4 752
4 714	9 625		1	456	20 014	3 359	515	7 941	1 965
50 698	330 912	226	367	3 953	132 258	33 432	5 645	376 608	22 471
15 757	25 134	1 213	1 323	12 942	42 293	9 209	1 097	16 300	9 509
14 457	16 118	7 852	8 838	51 755	12 387	5 712	147	8 284	3 863
161 073	789 723	1 301	4 516	29 366	166 565	227 945	72 108	801 553	234 441

浙

		合计	性别		暂住时间			来	
								省内	
			男	女	一个月以下	一个月至一年	一年以上	市	县
甲		1	2	3	4	5	6	7	8
合计	1	**23 024 823**	**13 126 908**	**9 897 915**	**276 250**	**15 909 649**	**6 838 924**	**1 978 842**	**2 889 079**
务工	2	18 648 691	10 810 307	7 838 384	108 015	13 203 934	5 336 742	1 375 888	2 205 240
务农	3	151 996	87 254	64 742	14 775	91 690	45 531	14 142	25 734
经商	4	667 417	390 699	276 718	26 127	416 491	224 799	102 053	124 595
服务	5	562 674	243 886	318 788	10 750	354 906	197 018	35 277	55 255
因公出差	6	23 260	16 169	7 091	12 185	8 172	2 903	3 233	5 447
借读培训	7	464 994	240 083	224 911	4 191	208 910	251 893	191 470	102 502
治病疗养	8	17 681	8 310	9 371	12 420	4 545	716	5 507	7 579
保姆	9	15 806	1 183	14 623	442	6 351	9 013	1 890	2 562
投靠亲友	10	112 441	47 375	65 066	3 161	69 001	40 279	14 381	13 736
探亲访友	11	41 102	19 339	21 763	15 509	20 956	4 637	4 243	7 463
旅游观光	12	49 970	26 901	23 069	45 280	4 660	30	8 130	7 537
其他	13	2 268 791	1 235 402	1 033 389	23 395	1 520 033	725 363	222 628	331 429

江

自地区				居住处所					
省外		港澳台	国外	旅店	居民家中	单位内部	工地现场	租赁房屋	其他
市	县								
9	10	11	12	13	14	15	16	17	18
5 232 074	**12 851 158**	**13 651**	**60 019**	**134 936**	**1 012 512**	**5 545 557**	**838 483**	**15 037 457**	**455 878**
4 276 379	10 773 290	4 777	13 117	20 625	751 284	4 717 339	771 281	12 097 201	290 961
26 144	85 976			104	6 541	12 884	31 138	88 596	12 733
145 257	273 275	4 078	18 159	31 201	53 016	47 437	8 755	509 325	17 683
167 797	303 829	143	373	5 794	19 555	142 404	2 611	376 488	15 822
3 773	8 601	431	1 775	16 837	461	3 094	94	2 392	382
89 990	77 782	170	3 080	3 675	7 798	360 930	323	61 540	30 728
1 983	2 575	6	31	143	763	11 511	7	2 273	2 984
3 718	7 628		8	7	8 507	1 062	38	5 910	282
25 961	52 345	451	5 567	776	43 021	6 095	536	58 808	3 205
6 321	12 526	1 122	9 427	3 837	19 101	1 143	458	15 283	1 280
16 247	13 019	1 341	3 696	43 109	3 012	502	3	2 827	517
468 504	1 240 312	1 132	4 786	8 828	99 453	241 156	23 239	1 816 814	79 301

安

		合计	性别		暂住时间			来	
			男	女	一个月以下	一个月至一年	一年以上	省内	
								市	县
甲		1	2	3	4	5	6	7	8
合计	1	**2 693 315**	**1 667 045**	**1 026 270**	**182 861**	**1 259 331**	**1 251 123**	**572 638**	**1 164 595**
务工	2	1 462 380	985 750	476 630	89 075	729 619	643 686	291 833	628 281
务农	3	34 439	21 584	12 855	5 087	15 731	13 621	7 932	15 039
经商	4	399 239	249 741	149 498	24 869	183 383	190 987	87 979	154 616
服务	5	208 994	92 238	116 756	15 972	102 415	90 607	40 056	87 936
因公出差	6	11 128	8 046	3 082	4 088	5 175	1 865	3 337	3 344
借读培训	7	225 468	123 624	101 844	11 620	81 489	132 359	64 221	106 611
治病疗养	8	5 604	3 076	2 528	2 121	2 063	1 420	1 853	2 766
保姆	9	12 494	1 143	11 351	757	4 766	6 971	3 204	6 371
投靠亲友	10	116 133	56 777	59 356	9 109	50 938	56 086	27 070	50 700
探亲访友	11	24 336	12 800	11 536	4 714	11 070	8 552	6 786	7 844
旅游观光	12	9 317	6 188	3 129	5 037	2 662	1 618	2 783	2 129
其他	13	183 783	106 078	77 705	10 412	70 020	103 351	35 584	98 958

徽

自地区				居住处所					
省外		港澳台	国外	旅店	居民家中	单位内部	工地现场	租赁房屋	其他
市	县								
9	10	11	12	13	14	15	16	17	18
349 351	**604 203**	**803**	**1 725**	**37 007**	**480 054**	**559 187**	**443 963**	**1 041 502**	**131 602**
184 872	356 742	195	457	10 063	187 588	346 461	365 994	524 072	28 202
4 533	6 916	3	16	490	8 547	4 694	8 194	11 123	1 391
64 881	91 245	212	306	5 448	82 401	50 939	27 613	222 651	10 187
30 653	50 270	12	67	3 633	36 049	45 857	22 825	92 684	7 946
2 288	1 917	67	175	3 506	1 287	2 061	776	2 979	519
22 587	31 971	20	58	1 553	28 146	78 843	6 933	80 968	29 025
489	493	2	1	400	1 941	1 062	65	1 639	497
1 091	1 814	2	12	196	7 094	261	226	4 353	364
13 500	24 620	102	141	1 695	72 201	4 734	3 424	31 076	3 003
3 802	5 748	76	80	1 582	12 962	757	414	7 632	989
2 174	2 135	26	70	3 976	1 719	350	20	2 586	666
18 481	30 332	86	342	4 465	40 119	23 168	7 479	59 739	48 813

福

		合计	性别		暂住时间			来	
								省内	
			男	女	一个月以下	一个月至一年	一年以上	市	县
甲		1	2	3	4	5	6	7	8
合计	1	**10 385 500**	**6 495 944**	**3 889 556**	**534 021**	**5 816 100**	**4 035 379**	**517 876**	**1 544 229**
务工	2	8 506 936	5 399 837	3 107 099	423 613	4 855 924	3 227 399	311 253	1 176 670
务农	3	66 040	45 222	20 818	2 797	41 459	21 784	1 486	19 061
经商	4	376 802	238 393	138 409	12 231	232 553	132 018	105 333	112 873
服务	5	241 463	120 551	120 912	11 976	148 799	80 688	17 041	46 395
因公出差	6	9 661	6 794	2 867	1 715	5 338	2 608	1 176	864
借读培训	7	510 104	274 556	235 548	7 411	176 464	326 229	39 362	97 515
治病疗养	8	1 933	1 154	779	277	1 101	555	359	558
保姆	9	18 979	3 108	15 871	875	12 369	5 735	598	4 147
投靠亲友	10	61 043	28 796	32 247	3 593	32 229	25 221	6 379	11 553
探亲访友	11	21 443	11 787	9 656	5 289	11 912	4 242	1 778	2 590
旅游观光	12	18 270	11 245	7 025	15 074	2 665	531	7 189	3 753
其他	13	552 826	354 501	198 325	49 170	295 287	208 369	25 922	68 250

建

自地区				居住处所					
省外		港澳台	国外	旅店	居民家中	单位内部	工地现场	租赁房屋	其他
市	县								
9	10	11	12	13	14	15	16	17	18
1 026 000	**7 251 084**	**21 710**	**24 601**	**57 990**	**1 371 030**	**2 591 360**	**656 133**	**5 403 933**	**305 054**
862 789	6 146 201	5 099	4 924	4 211	1 022 385	2 087 959	616 233	4 518 103	258 045
2 799	42 667	7	20	156	5 914	4 246	7 984	45 433	2 307
46 348	102 385	6 434	3 429	17 210	33 176	15 797	4 934	300 409	5 276
35 998	141 965	33	31	1 503	11 916	55 524	4 290	165 417	2 813
945	6 168	306	202	2 089	618	5 664	275	940	75
30 634	342 194	117	282	2 747	39 908	307 296	2 026	149 233	8 894
114	892	6	4	44	768	188	124	561	248
1 073	13 124		37	48	13 961	1 187	42	3 548	193
5 083	28 786	2 160	7 082	443	45 310	1 090	756	11 878	1 566
2 549	5 269	4 199	5 058	2 410	13 335	803	113	4 410	372
4 018	2 171	622	517	16 877	688	145	4	297	259
33 650	419 262	2 727	3 015	10 252	183 051	111 461	19 352	203 704	25 006

江

		合计	性别		暂住时间			来	
								省内	
			男	女	一个月以下	一个月至一年	一年以上	市	县
甲		1	2	3	4	5	6	7	8
合计	1	**856 212**	**529 049**	**327 163**	**40 785**	**388 528**	**426 899**	**175 586**	**374 100**
务工	2	530 282	346 448	183 834	21 600	272 654	236 028	100 190	246 846
务农	3	18 767	13 329	5 438	1 175	8 508	9 084	2 066	10 700
经商	4	98 176	57 595	40 581	4 538	42 036	51 602	23 659	38 815
服务	5	53 588	23 288	30 300	4 076	27 785	21 727	12 578	21 477
因公出差	6	2 704	1 740	964	1 474	779	451	660	574
借读培训	7	89 468	53 963	35 505	2 404	17 347	69 717	22 334	26 215
治病疗养	8	630	375	255	84	326	220	127	302
保姆	9	3 999	165	3 834	118	1 880	2 001	373	2 559
投靠亲友	10	8 550	4 164	4 386	777	5 399	2 374	1 868	3 219
探亲访友	11	2 676	1 498	1 178	929	1 293	454	579	907
旅游观光	12	1 517	901	616	1 358	111	48	255	554
其他	13	45 855	25 583	20 272	2 252	10 410	33 193	10 897	21 932

西

自	地	区		居	住	处	所		
省外		港澳台	国外	旅店	居民家中	单位内部	工地现场	租赁房屋	其他
市	县								
9	10	11	12	13	14	15	16	17	18
103 150	**201 666**	**477**	**1 233**	**10 013**	**85 065**	**277 591**	**123 208**	**310 968**	**49 367**
53 740	129 244	120	142	1 798	38 009	169 396	107 313	194 818	18 948
1 937	4 064			296	5 208	1 099	1 755	8 908	1 501
16 899	18 600	112	91	1 868	11 475	16 474	6 545	55 841	5 973
6 614	12 918		1	2 198	5 650	13 355	4 936	22 856	4 593
707	763			1 315	168	723	7	295	196
15 449	24 677	18	775	245	1 892	72 583	1 346	9 461	3 941
65	130	6		22	175	170		169	94
62	1 005			3	2 333	1	44	820	798
1 234	2 164	35	30	262	6 050	648	122	1 237	231
474	530	138	48	224	1 695	246	75	234	202
287	383	16	22	1 335	55		7	97	23
5 682	7 188	32	124	447	12 355	2 896	1 058	16 232	12 867

山

		合计	性别		暂住时间			来	
								省内	
			男	女	一个月以下	一个月至一年	一年以上	市	县
甲		1	2	3	4	5	6	7	8
合计	1	**7 018 386**	**4 246 070**	**2 772 316**	**371 936**	**3 676 476**	**2 969 974**	**1 364 408**	**3 140 146**
务工	2	4 533 744	2 833 404	1 700 340	219 854	2 554 106	1 759 784	864 889	2 029 144
务农	3	106 369	62 533	43 836	8 190	65 354	32 825	25 371	44 413
经商	4	586 656	365 967	220 689	36 143	303 058	247 455	118 580	213 045
服务	5	384 766	232 078	152 688	18 860	166 648	199 258	63 456	107 019
因公出差	6	32 728	23 545	9 183	17 895	10 369	4 464	9 629	13 008
借读培训	7	911 798	494 316	417 482	30 748	370 787	510 263	157 110	566 249
治病疗养	8	4 755	2 981	1 774	1 208	2 437	1 110	841	2 403
保姆	9	11 322	1 782	9 540	504	5 997	4 821	2 028	5 573
投靠亲友	10	70 236	31 578	38 658	6 292	33 742	30 202	16 162	26 073
探亲访友	11	41 746	22 400	19 346	11 138	15 619	14 989	8 888	14 049
旅游观光	12	18 347	9 884	8 463	9 404	5 240	3 703	4 708	2 974
其他	13	315 919	165 602	150 317	11 700	143 119	161 100	92 746	116 196

东

自地区				居住处所					
省外		港澳台	国外	旅店	居民家中	单位内部	工地现场	租赁房屋	其他
市	县								
9	10	11	12	13	14	15	16	17	18
876 360	**1 615 173**	**2 930**	**19 369**	**105 460**	**701 114**	**2 887 953**	**765 734**	**2 200 054**	**358 071**
501 614	1 130 995	753	6 349	33 020	386 099	1 802 415	643 278	1 540 991	127 941
12 008	24 568		9	5 125	27 911	15 183	6 732	46 698	4 720
107 613	139 699	1 398	6 321	14 959	91 226	91 017	29 277	326 939	33 238
97 937	115 579	23	752	10 946	28 558	146 528	65 452	120 805	12 477
4 841	4 650	74	526	16 147	2 520	8 410	1 619	3 329	703
83 215	104 336	16	872	5 914	22 949	773 580	1 493	60 275	47 587
632	742	6	131	165	1 201	1 851	73	911	554
2 035	1 660	10	16	123	7 165	539	134	1 439	1 922
12 283	15 417	58	243	1 401	44 914	4 656	1 319	13 661	4 285
7 830	9 516	309	1 154	2 666	21 332	3 765	549	12 338	1 096
4 321	5 674	154	516	10 041	1 692	1 292	2 680	1 615	1 027
42 031	62 337	129	2 480	4 953	65 547	38 717	13 128	71 053	122 521

河

甲		合计	性别		暂住时间			来	
			男	女	一个月以下	一个月至一年	一年以上	省内	
								市	县
甲		1	2	3	4	5	6	7	8
合计	1	**4 692 319**	**2 801 484**	**1 890 835**	**160 277**	**1 788 245**	**2 743 797**	**1 514 442**	**2 414 333**
务工	2	3 035 950	1 877 993	1 157 957	102 865	1 159 582	1 773 503	964 811	1 585 661
务农	3	32 796	19 111	13 685	2 128	13 873	16 795	9 949	17 733
经商	4	323 340	203 541	119 799	10 810	112 976	199 554	89 369	146 732
服务	5	65 816	33 987	31 829	6 187	26 260	33 369	17 281	34 216
因公出差	6	31 947	23 364	8 583	1 705	10 588	19 654	11 302	10 956
借读培训	7	659 698	355 893	303 805	12 676	225 853	421 169	240 191	339 141
治病疗养	8	7 757	4 186	3 571	508	3 170	4 079	1 588	5 428
保姆	9	4 433	1 242	3 191	433	1 991	2 009	1 110	2 828
投靠亲友	10	74 086	32 146	41 940	3 573	34 835	35 678	24 892	33 767
探亲访友	11	41 801	18 148	23 653	3 363	20 129	18 309	13 296	21 957
旅游观光	12	17 133	11 321	5 812	1 812	8 916	6 405	6 081	6 046
其他	13	397 562	220 552	177 010	14 217	170 072	213 273	134 572	209 868

南

自地区				居住处所					
省外		港澳台	国外	旅店	居民家中	单位内部	工地现场	租赁房屋	其他
市	县								
9	10	11	12	13	14	15	16	17	18
316 158	**446 320**	**470**	**596**	**189 725**	**1 212 396**	**1 763 479**	**326 044**	**896 435**	**304 240**
201 892	283 127	213	246	69 743	833 942	1 038 754	306 583	686 320	100 608
1 992	3 099	11	12	2 452	14 841	5 777	2 596	5 167	1 963
36 920	50 205	70	44	20 977	107 602	57 498	5 901	112 361	19 001
5 880	8 416	11	12	3 281	16 504	20 067	2 445	20 403	3 116
5 567	4 082	22	18	21 275	1 904	6 076	885	1 030	777
24 160	56 095	7	104	9 806	27 745	536 272	682	27 495	57 698
378	355	6	2	1 658	1 408	3 568	52	386	685
195	287	8	5	127	3 720	132	67	289	98
6 865	8 523	31	8	2 651	58 406	3 462	315	7 362	1 890
2 739	3 748	24	37	9 291	24 150	4 186	181	2 993	1 000
2 982	1 936	13	75	12 214	1 674	1 551	23	533	1 138
26 588	26 447	54	33	36 250	120 500	86 136	6 314	32 096	116 266

湖

		合计	性别		暂住时间			来	
								省内	
			男	女	一个月以下	一个月至一年	一年以上	市	县
甲		1	2	3	4	5	6	7	8
合计	1	**3 245 146**	**1 861 802**	**1 383 344**	**265 431**	**1 175 910**	**1 803 805**	**390 025**	**1 837 245**
务工	2	1 934 627	1 150 638	783 989	186 538	817 573	930 516	179 676	1 190 687
务农	3	68 052	36 734	31 318	4 519	16 309	47 224	10 214	32 945
经商	4	273 767	164 103	109 664	10 665	79 983	183 119	52 696	123 388
服务	5	80 729	37 113	43 616	4 909	29 486	46 334	17 656	32 753
因公出差	6	6 587	4 252	2 335	2 789	1 888	1 910	2 288	1 670
借读培训	7	253 523	143 549	109 974	14 156	80 175	159 192	33 222	142 799
治病疗养	8	2 837	1 578	1 259	886	896	1 055	874	1 150
保姆	9	4 276	301	3 975	327	2 395	1 554	999	2 278
投靠亲友	10	81 703	32 803	48 900	5 944	24 468	51 291	16 027	36 302
探亲访友	11	18 670	9 246	9 424	4 704	7 752	6 214	4 849	5 738
旅游观光	12	13 366	8 115	5 251	11 506	1 264	596	821	1 272
其他	13	507 009	273 370	233 639	18 488	113 721	374 800	70 703	266 263

北

自地区				居住处所					
省外		港澳台	国外	旅店	居民家中	单位内部	工地现场	租赁房屋	其他
市	县								
9	10	11	12	13	14	15	16	17	18
216 526	**779 307**	**7 444**	**14 599**	**41 807**	**390 025**	**1 048 424**	**135 230**	**1 169 835**	**459 825**
92 301	468 296	878	2 789	8 945	177 477	661 845	105 179	781 941	199 240
6 143	18 747	2	1	247	26 049	5 407	3 197	15 905	17 247
30 584	65 268	1 200	631	8 391	45 726	25 847	8 581	161 272	23 950
9 809	20 490	10	11	5 122	12 692	15 622	7 039	34 655	5 599
1 364	1 231	15	19	3 570	432	1 238	143	820	384
21 294	51 843	442	3 923	4 374	14 327	166 897	512	36 757	30 656
444	369			194	871	619	16	886	251
262	737			14	3 476	134	62	417	173
9 715	19 462	43	154	449	52 967	4 275	624	13 148	10 240
2 198	3 791	1 211	883	1 073	12 077	887	219	2 043	2 371
1 163	799	3 432	5 879	4 012	892	203	37	314	7 908
41 249	128 274	211	309	5 416	43 039	165 450	9 621	121 677	161 806

湖

甲		合计	性别		暂住时间			来	
								省内	
			男	女	一个月以下	一个月至一年	一年以上	市	县
甲		1	2	3	4	5	6	7	8
合计	1	**3 408 071**	**2 013 490**	**1 394 581**	**383 362**	**2 305 483**	**719 226**	**996 332**	**1 617 598**
务工	2	2 218 463	1 350 155	868 308	241 088	1 585 728	391 647	662 176	1 076 742
务农	3	61 252	38 725	22 527	9 525	30 415	21 312	13 877	25 864
经商	4	394 734	224 194	170 540	37 086	211 802	145 846	98 699	181 027
服务	5	122 867	56 381	66 486	12 093	64 103	46 671	28 628	50 964
因公出差	6	15 990	11 050	4 940	4 539	9 695	1 756	5 657	5 450
借读培训	7	323 314	183 283	140 031	31 263	234 959	57 092	101 515	157 951
治病疗养	8	8 478	4 789	3 689	2 532	4 312	1 634	1 761	4 984
保姆	9	13 836	2 788	11 048	1 413	7 151	5 272	2 197	7 241
投靠亲友	10	43 908	21 554	22 354	8 365	22 718	12 825	13 213	19 264
探亲访友	11	20 508	11 165	9 343	5 343	12 596	2 569	5 185	9 900
旅游观光	12	16 253	8 796	7 457	9 274	5 645	1 334	4 956	4 385
其他	13	168 468	100 610	67 858	20 841	116 359	31 268	58 468	73 826

南

自地区				居住处所					
省外		港澳台	国外	旅店	居民家中	单位内部	工地现场	租赁房屋	其他
市	县								
9	10	11	12	13	14	15	16	17	18
348 978	**440 674**	**2 194**	**2 295**	**262 295**	**440 013**	**681 393**	**384 705**	**1 268 882**	**370 783**
212 968	266 315	108	154	168 888	272 393	414 318	311 868	828 996	222 000
6 426	15 085			647	10 903	11 412	7 708	21 954	8 628
44 881	69 896	182	49	21 435	51 889	37 146	22 395	234 726	27 143
16 181	27 056	24	14	5 258	13 217	38 367	15 704	44 876	5 445
3 002	1 868	11	2	7 902	1 924	1 919	1 107	2 406	732
36 024	26 894	180	750	6 798	33 169	139 149	13 188	77 304	53 706
871	844	6	12	1 004	1 854	855	375	2 038	2 352
1 848	2 541	6	3	112	8 722	2 837	340	1 099	726
5 261	5 824	213	133	2 402	18 834	5 398	1 638	12 800	2 836
2 485	2 260	455	223	3 988	10 379	950	1 037	3 033	1 121
3 113	2 477	531	791	12 560	1 121	1 027	40	850	655
15 918	19 614	478	164	31 301	15 608	28 015	9 305	38 800	45 439

广

		合计	性别		暂住时间			来	
			男	女	一个月以下	一个月至一年	一年以上	省内	
								市	县
甲		1	2	3	4	5	6	7	8
合计	1	**30 973 689**	**16 815 286**	**14 158 403**	**2 793 232**	**15 138 365**	**13 042 092**	**3 634 236**	**5 625 287**
务工	2	23 062 969	12 649 694	10 413 275	1 700 169	11 473 285	9 889 515	2 403 311	3 993 245
务农	3	510 809	281 316	229 493	32 850	228 491	249 468	55 249	109 712
经商	4	1 896 803	1 166 086	730 717	174 721	828 467	893 615	317 556	393 620
服务	5	1 821 790	836 210	985 580	172 183	873 485	776 122	266 498	354 101
因公出差	6	115 821	71 593	44 228	38 487	55 496	21 838	20 999	21 225
借读培训	7	725 095	393 775	331 320	52 056	349 786	323 253	160 595	188 733
治病疗养	8	30 029	15 674	14 355	9 293	12 776	7 960	6 187	5 624
保姆	9	185 890	49 754	136 136	23 636	80 892	81 362	26 565	39 337
投靠亲友	10	717 047	354 326	362 721	126 725	354 411	235 911	104 193	161 720
探亲访友	11	257 704	125 732	131 972	79 078	110 073	68 553	33 328	40 500
旅游观光	12	124 418	65 553	58 865	65 993	37 295	21 130	22 608	19 032
其他	13	1 525 314	805 573	719 741	318 041	733 908	473 365	217 147	298 438

东

自地区				居住处所					
省外		港澳台	国外	旅店	居民家中	单位内部	工地现场	租赁房屋	其他
市	县								
9	10	11	12	13	14	15	16	17	18
7 587 592	**13 853 530**	**184 291**	**88 753**	**290 376**	**1 242 827**	**7 571 053**	**818 221**	**19 594 102**	**1 457 110**
5 622 162	10 953 910	64 496	25 845	53 429	504 583	6 235 816	678 721	14 873 006	717 414
115 071	230 036	664	77	5 746	33 651	84 031	50 960	273 152	63 269
466 906	663 347	39 589	15 785	57 297	125 033	293 524	22 697	1 262 222	136 030
532 523	664 030	2 388	2 250	16 794	83 714	493 092	27 298	1 126 536	74 356
35 722	32 027	3 739	2 109	37 310	5 979	25 061	1 720	40 053	5 698
143 371	217 845	7 458	7 093	8 431	63 487	230 169	2 234	338 154	82 620
8 043	9 524	364	287	1 556	4 737	3 330	330	14 117	5 959
50 887	68 876	102	123	1 252	88 709	12 586	612	70 869	11 862
158 469	282 326	6 388	3 951	5 927	138 873	51 054	3 500	446 267	71 426
57 922	105 657	10 218	10 079	15 654	75 860	15 938	2 202	127 523	20 527
28 930	42 893	4 292	6 663	65 584	15 060	6 706	629	27 519	8 920
367 586	583 059	44 593	14 491	21 396	103 141	119 746	27 318	994 684	259 029

		合计	性别		暂住时间			来	
								省内	
			男	女	一个月以下	一个月至一年	一年以上	市	县
甲		1	2	3	4	5	6	7	8
合计	1	**2 204 814**	**1 363 028**	**841 786**	**436 197**	**1 142 554**	**626 063**	**430 682**	**1 092 426**
务工	2	1 013 375	639 647	373 728	52 800	611 440	349 135	116 682	571 439
务农	3	36 958	21 760	15 198	1 763	20 450	14 745	7 786	17 592
经商	4	192 710	119 975	72 735	12 812	93 487	86 411	36 986	82 589
服务	5	107 410	58 361	49 049	8 306	55 311	43 793	13 451	56 572
因公出差	6	19 270	15 763	3 507	18 254	722	294	1 833	11 018
借读培训	7	178 139	99 917	78 222	4 301	111 735	62 103	36 313	98 435
治病疗养	8	444	241	203	95	281	68	36	173
保姆	9	4 798	1 389	3 409	20	2 937	1 841	822	2 178
投靠亲友	10	51 768	30 971	20 797	3 993	23 153	24 622	13 241	20 651
探亲访友	11	18 777	11 119	7 658	9 681	7 481	1 615	1 944	11 163
旅游观光	12	296 206	186 873	109 333	291 860	3 723	623	171 099	68 151
其他	13	284 959	177 012	107 947	32 312	211 834	40 813	30 489	152 465

西

自	地	区		居	住	处		所	
省外		港澳台	国外	旅店	居民家中	单位内部	工地现场	租赁房屋	其他
市	县								
9	10	11	12	13	14	15	16	17	18
214 114	**465 132**	**1 291**	**1 169**	**404 564**	**304 229**	**278 199**	**181 959**	**890 256**	**145 607**
85 030	239 952	184	88	40 534	137 137	111 743	125 924	521 501	76 536
4 531	7 049			125	7 156	2 062	3 428	21 430	2 757
24 287	48 729	86	33	9 993	37 026	15 762	10 135	107 704	12 090
13 036	24 350	1		7 204	12 417	11 729	12 776	60 051	3 233
1 062	5 357			17 861	489	565	81	179	95
16 954	26 423	6	8	3 135	15 275	104 738	14 691	23 754	16 546
66	169			83	239	18		100	4
520	1 276	2			2 783	521	196	1 251	47
6 582	11 280	3	11	166	26 554	4 865	1 121	17 480	1 582
1 404	4 194	34	38	8 468	5 750	842	41	1 961	1 715
40 969	14 378	957	652	290 219	294	6	3	5 668	16
19 673	81 975	18	339	26 776	59 109	25 348	13 563	129 177	30 986

海

		合计	性别		暂住时间			来	
								省内	
			男	女	一个月以下	一个月至一年	一年以上	市	县
甲		1	2	3	4	5	6	7	8
合计	**1**	**752 676**	**465 948**	**286 728**	**87 668**	**331 181**	**333 827**	**120 333**	**192 624**
务工	2	386 913	260 834	126 079	19 317	184 341	183 255	62 254	93 753
务农	3	30 700	18 958	11 742	2 397	12 000	16 303	3 742	9 047
经商	4	59 362	37 697	21 665	3 402	26 830	29 130	9 682	16 331
服务	5	73 673	33 249	40 424	3 626	33 409	36 638	12 567	24 369
因公出差	6	9 379	6 049	3 330	6 794	989	1 596	2 654	2 031
借读培训	7	12 860	7 387	5 473	687	6 196	5 977	2 974	4 705
治病疗养	8	13 637	8 574	5 063	1 889	6 478	5 270	1 551	4 878
保姆	9	5 874	1 745	4 129	198	2 432	3 244	1 141	2 076
投靠亲友	10	16 590	8 874	7 716	2 498	7 099	6 993	2 747	4 857
探亲访友	11	8 309	4 083	4 226	2 607	2 997	2 705	1 146	1 937
旅游观光	12	30 099	17 061	13 038	17 628	9 527	2 944	3 754	2 339
其他	13	105 280	61 437	43 843	26 625	38 883	39 772	16 121	26 301

南

自地区				居住处所					
省外		港澳台	国外	旅店	居民家中	单位内部	工地现场	租赁房屋	其他
市	县								
9	10	11	12	13	14	15	16	17	18
174 123	**262 051**	**1 708**	**1 837**	**53 366**	**105 614**	**87 818**	**147 971**	**308 174**	**49 733**
74 810	155 574	288	234	4 754	35 808	49 459	124 288	153 381	19 223
5 771	12 122	18		90	3 730	2 474	7 072	12 605	4 729
10 760	22 078	412	99	3 576	7 510	4 849	1 194	39 137	3 096
13 484	23 134	48	71	618	8 862	13 433	2 754	45 589	2 417
2 275	2 391	13	15	6 320	219	467	769	1 518	86
2 532	2 409	42	198	224	1 432	2 953	147	6 359	1 745
3 389	3 798	3	18	181	2 793	408	57	9 179	1 019
1 251	1 406				3 521	1 014	20	1 215	104
4 168	4 544	143	131	1 871	6 319	1 115	1 065	5 120	1 100
1 916	2 416	437	457	451	2 919	632	288	3 403	616
18 303	5 096	180	427	14 160	8 303	502	76	6 178	880
35 464	27 083	124	187	21 121	24 198	10 512	10 241	24 490	14 718

重

		合计	性别		暂住时间			来	
								省内	
			男	女	一个月以下	一个月至一年	一年以上	市	县
甲		1	2	3	4	5	6	7	8
合　计	1	**6 355 681**	**3 624 155**	**2 731 526**	**204 068**	**3 736 545**	**2 415 068**	**947 021**	**3 809 645**
务　工	2	3 676 263	2 242 421	1 433 842	68 540	2 135 224	1 472 499	475 280	2 182 856
务　农	3	93 580	56 613	36 967	7 842	58 060	27 678	19 489	58 825
经　商	4	397 911	221 530	176 381	8 886	231 288	157 737	57 867	242 055
服　务	5	319 688	164 456	155 232	5 112	227 230	87 346	46 852	203 251
因公出差	6	45 573	29 202	16 371	5 313	31 959	8 301	11 968	22 157
借读培训	7	831 090	432 614	398 476	15 130	481 031	334 929	152 063	473 338
治病疗养	8	50 761	23 506	27 255	19 832	24 387	6 542	10 376	36 889
保　姆	9	6 823	1 383	5 440	133	4 983	1 707	1 058	5 288
投靠亲友	10	236 581	98 871	137 710	7 295	156 729	72 557	44 205	135 059
探亲访友	11	101 407	50 947	50 460	39 549	51 016	10 842	19 702	66 819
旅游观光	12	15 649	7 775	7 874	6 545	7 781	1 323	7 604	5 578
其　他	13	580 355	294 837	285 518	19 891	326 857	233 607	100 557	377 530

庆

自地区				居住处所					
省外		港澳台	国外	旅店	居民家中	单位内部	工地现场	租赁房屋	其他
市	县								
9	10	11	12	13	14	15	16	17	18
356 981	**1 240 277**	**1 486**	**271**	**21 298**	**1 547 900**	**1 835 370**	**552 014**	**1 843 868**	**555 231**
205 588	811 748	711	80	4 293	690 235	954 673	504 681	1 244 814	277 567
4 966	10 220	74	6	1 257	35 250	9 797	10 265	26 747	10 264
20 625	77 134	148	82	1 974	125 842	31 018	11 955	179 733	47 389
13 988	55 528	64	5	1 426	117 145	47 446	6 109	117 703	29 859
3 605	7 824	19		617	8 918	20 302	1 208	10 718	3 810
60 907	144 578	194	10	1 477	36 441	683 786	545	48 306	60 535
1 145	2 341	7	3	90	1 992	37 772	8	2 349	8 550
91	385	1			4 340	504	2	1 618	359
15 191	42 062	62	2	80	197 826	3 394	326	28 356	6 599
4 852	9 915	48	71	1 264	83 637	5 918	1 031	6 642	2 915
1 004	1 461	2		5 009	3 235	160	11	1 922	5 312
25 019	77 081	156	12	3 811	243 039	40 600	15 873	174 960	102 072

四

甲		合计	性别		暂住时间			来	
								省内	
			男	女	一个月以下	一个月至一年	一年以上	市	县
甲		1	2	3	4	5	6	7	8
合计	1	**3 970 921**	**2 416 079**	**1 554 842**	**1 120 529**	**1 675 974**	**1 174 418**	**967 443**	**1 960 142**
务工	2	2 220 958	1 429 721	791 237	614 486	1 023 129	583 343	516 902	1 159 018
务农	3	49 710	30 379	19 331	6 811	24 620	18 279	13 369	24 830
经商	4	425 114	264 361	160 753	78 195	169 635	177 284	109 163	175 528
服务	5	162 533	75 488	87 045	28 164	72 672	61 697	38 606	77 016
因公出差	6	96 575	64 882	31 693	85 441	7 978	3 156	16 318	59 174
借读培训	7	329 234	185 235	143 999	48 824	130 807	149 603	80 911	167 660
治病疗养	8	20 200	11 522	8 678	13 253	4 186	2 761	3 935	11 936
保姆	9	23 129	3 881	19 248	2 995	11 234	8 900	6 153	13 124
投靠亲友	10	154 258	80 947	73 311	39 449	64 860	49 949	38 023	78 866
探亲访友	11	100 836	53 602	47 234	36 288	50 481	14 067	27 707	41 199
旅游观光	12	96 933	51 431	45 502	89 220	4 647	3 066	30 591	25 783
其他	13	291 441	164 630	126 811	77 403	111 725	102 313	85 765	126 008

川

自地区				居住处所					
省外		港澳台	国外	旅店	居民家中	单位内部	工地现场	租赁房屋	其他
市	县								
9	10	11	12	13	14	15	16	17	18
430 519	**601 682**	**3 868**	**7 267**	**289 892**	**679 041**	**757 697**	**484 934**	**1 510 202**	**249 155**
208 564	332 168	1 252	3 054	45 258	270 798	456 951	421 264	940 579	86 108
3 470	8 035	5	1	804	17 501	4 047	6 556	15 822	4 980
61 353	78 530	332	208	24 540	70 932	32 933	13 975	248 166	34 568
18 992	27 867		52	7 290	30 815	38 331	7 376	70 442	8 279
10 071	10 908	36	68	79 616	8 636	4 450	1 111	2 033	729
35 685	43 910	300	768	4 979	44 497	159 241	6 115	74 242	40 160
1 819	2 455	20	35	4 242	8 384	4 079	268	2 035	1 192
1 676	2 136	8	32	504	15 018	1 561	878	4 868	300
15 115	21 505	257	492	4 905	95 903	7 070	7 977	32 993	5 410
15 332	15 030	808	760	11 943	61 686	2 633	2 721	19 619	2 234
22 581	16 488	398	1 092	82 630	9 567	1 015	198	2 234	1 289
35 861	42 650	452	705	23 181	45 304	45 386	16 495	97 169	63 906

贵

		合计	性别		暂住时间			来	
								省内	
			男	女	一个月以下	一个月至一年	一年以上	市	县
甲		1	2	3	4	5	6	7	8
合计	1	**1 961 159**	**1 173 831**	**787 328**	**134 054**	**721 722**	**1 105 383**	**383 017**	**833 741**
务工	2	1 074 792	682 351	392 441	63 840	416 629	594 323	207 507	495 012
务农	3	58 351	33 620	24 731	6 418	18 438	33 495	14 950	21 763
经商	4	369 187	218 281	150 906	16 944	114 600	237 643	73 568	126 849
服务	5	161 047	79 660	81 387	16 002	64 493	80 552	28 334	71 262
因公出差	6	4 380	2 837	1 543	1 641	1 622	1 117	1 166	1 615
借读培训	7	58 041	33 444	24 597	1 927	18 047	38 067	14 724	29 333
治病疗养	8	2 868	1 652	1 216	821	1 064	983	644	1 488
保姆	9	7 953	1 265	6 688	961	3 802	3 190	1 475	4 771
投靠亲友	10	38 445	20 780	17 665	3 444	13 082	21 919	8 510	16 242
探亲访友	11	10 176	5 378	4 798	2 292	3 472	4 412	2 076	3 431
旅游观光	12	5 641	2 966	2 675	4 128	886	627	1 033	1 117
其他	13	170 278	91 597	78 681	15 636	65 587	89 055	29 030	60 858

州

自地区				居住处所					
省外		港澳台	国外	旅店	居民家中	单位内部	工地现场	租赁房屋	其他
市	县								
9	10	11	12	13	14	15	16	17	18
299 538	**444 044**	**280**	**539**	**21 274**	**227 344**	**212 702**	**312 513**	**1 035 939**	**151 387**
134 335	237 794	37	107	4 917	88 328	130 476	244 839	538 190	68 042
13 352	8 282	4		1 815	10 763	3 452	7 000	29 275	6 046
73 156	95 535	52	27	3 838	46 808	22 109	24 521	246 587	25 324
24 855	36 585	3	8	2 476	18 544	21 589	15 903	91 346	11 189
786	804	5	4	1 251	463	479	228	1 527	432
7 280	6 665	9	30	605	7 914	17 108	2 548	22 049	7 817
323	412	1		72	643	329	75	1 427	322
681	1 026			26	5 044	357	191	1 962	373
7 367	6 264	40	22	526	19 621	981	1 986	13 659	1 672
2 083	2 476	52	58	485	5 688	248	354	3 093	308
1 818	1 592	33	48	2 859	1 184	103	172	926	397
33 502	46 609	44	235	2 404	22 344	15 471	14 696	85 898	29 465

云

		合计	性别		暂住时间			来	
								省内	
			男	女	一个月以下	一个月至一年	一年以上	市	县
甲		1	2	3	4	5	6	7	8
合计	1	**3 125 445**	**2 004 986**	**1 120 459**	**293 818**	**1 358 232**	**1 473 395**	**384 930**	**1 440 898**
务工	2	2 007 870	1 369 720	638 150	174 055	942 183	891 632	235 836	953 683
务农	3	113 093	69 691	43 402	16 879	31 225	64 989	16 715	75 096
经商	4	549 647	325 872	223 775	49 384	191 310	308 953	61 967	163 331
服务	5	163 656	77 342	86 314	13 774	83 194	66 688	25 996	90 529
因公出差	6	4 965	3 592	1 373	1 007	1 367	2 591	1 075	2 145
借读培训	7	49 923	25 772	24 151	4 977	18 557	26 389	7 713	33 935
治病疗养	8	1 255	687	568	208	334	713	274	622
保姆	9	8 211	522	7 689	813	2 239	5 159	551	4 838
投靠亲友	10	34 829	17 607	17 222	3 966	11 560	19 303	5 945	15 814
探亲访友	11	14 559	7 847	6 712	2 292	5 310	6 957	2 823	7 916
旅游观光	12	17 077	9 936	7 141	2 601	8 905	5 571	3 435	9 215
其他	13	160 360	96 398	63 962	23 862	62 048	74 450	22 600	83 774

南

自	地	区		居	住	处	所		
省外		港澳台	国外	旅店	居民家中	单位内部	工地现场	租赁房屋	其他
市	县								
9	10	11	12	13	14	15	16	17	18
347 045	**950 969**	**433**	**1 170**	**62 962**	**551 921**	**461 643**	**276 080**	**1 414 639**	**358 200**
203 513	614 811	12	15	28 538	316 392	299 049	253 371	930 781	179 739
3 305	17 975	2		475	18 516	8 653	7 283	43 325	34 841
100 369	223 024	130	826	9 901	128 374	56 952	6 735	280 777	66 908
15 847	31 283	1		6 446	26 128	42 717	884	78 772	8 709
608	1 137			929	593	1 687	658	774	324
2 089	6 186			461	2 079	28 170	219	7 619	11 375
192	167			198	430	54	2	492	79
822	2 000			97	5 671	241	10	2 118	74
4 102	8 967		1	1 234	17 994	3 556	527	7 417	4 101
1 059	2 755	1	5	1 922	7 009	400	456	2 845	1 927
2 021	2 369	29	8	6 103	2 521	1 339	50	5 094	1 970
13 118	40 295	258	315	6 658	26 214	18 825	5 885	54 625	48 153

西

甲		合计	性别		暂住时间			来	
			男	女	一个月以下	一个月至一年	一年以上	省内	
								市	县
甲		1	2	3	4	5	6	7	8
合　计	1	**378 435**	**241 694**	**136 741**	**31 257**	**163 264**	**183 914**	**21 782**	**101 417**
务　工	2	224 675	154 006	70 669	14 491	108 118	102 066	10 803	61 289
务　农	3	9 579	5 246	4 333	653	3 339	5 587	810	1 371
经　商	4	80 316	50 532	29 784	4 719	25 039	50 558	4 341	16 427
服　务	5	30 789	13 613	17 176	2 601	11 417	16 771	2 818	7 700
因公出差	6	889	535	354	158	573	158	448	113
借读培训	7	1 216	714	502	96	728	392	145	416
治病疗养	8	1 703	980	723	514	841	348	246	1 080
保　姆	9	2 697	97	2 600	73	768	1 856	297	2 086
投靠亲友	10	7 692	4 267	3 425	1 839	4 278	1 575	496	3 652
探亲访友	11	3 664	2 080	1 584	1 645	1 447	572	347	1 863
旅游观光	12	3 696	2 280	1 416	2 867	681	148	135	575
其　他	13	11 519	7 344	4 175	1 601	6 035	3 883	896	4 845

藏

自地区				居住处所					
省外		港澳台	国外	旅店	居民家中	单位内部	工地现场	租赁房屋	其他
市	县								
9	10	11	12	13	14	15	16	17	18
60 655	**194 381**	**54**	**146**	**10 128**	**37 636**	**15 552**	**101 414**	**202 261**	**11 444**
35 042	117 528		13	2 478	16 266	8 727	96 049	97 900	3 255
359	7 039			23	1 264	163	304	5 280	2 545
15 303	44 243	1	1	1 937	6 738	2 810	3 423	63 939	1 469
4 883	15 381		7	903	884	737	1 019	26 101	1 145
235	93			432	76	155	1	212	13
220	419	1	15	72	272	565	1	241	65
118	259			216	463	71		505	448
82	232			2	1 956	212	6	50	471
710	2 834			162	5 504	473	60	1 373	120
422	1 031		1	206	2 236	482	59	562	119
2 097	754	52	83	2 495	579		12	96	514
1 184	4 568		26	1 202	1 398	1 157	480	6 002	1 280

陕

甲		合计	性别		暂住时间			来源	
			男	女	一个月以下	一个月至一年	一年以上	省内	
								市	县
		1	2	3	4	5	6	7	8
合计	1	**2 319 172**	**1 467 815**	**851 357**	**164 830**	**1 177 291**	**977 051**	**447 485**	**939 456**
务工	2	1 282 081	862 891	419 190	59 349	707 806	514 926	229 190	532 791
务农	3	31 361	18 477	12 884	6 400	13 539	11 422	9 772	15 468
经商	4	265 099	159 154	105 945	17 242	102 151	145 706	71 113	77 305
服务	5	232 340	120 654	111 686	29 320	116 826	86 194	44 625	98 254
因公出差	6	10 464	6 177	4 287	3 121	4 783	2 560	2 449	3 105
借读培训	7	234 012	136 837	97 175	6 880	103 249	123 883	40 164	103 149
治病疗养	8	6 666	3 761	2 905	1 330	4 359	977	2 281	1 870
保姆	9	13 443	2 756	10 687	1 571	8 600	3 272	2 724	6 815
投靠亲友	10	27 516	17 800	9 716	4 334	15 130	8 052	5 625	11 621
探亲访友	11	12 107	7 336	4 771	4 532	5 161	2 414	2 428	5 224
旅游观光	12	27 501	15 829	11 672	11 999	11 623	3 879	4 939	9 355
其他	13	176 582	116 143	60 439	18 752	84 064	73 766	32 175	74 499

西

自	地	区		居	住	处		所	
省外		港澳台	国外	旅店	居民家中	单位内部	工地现场	租赁房屋	其他
市	县								
9	10	11	12	13	14	15	16	17	18
361 148	**570 161**	**107**	**815**	**86 083**	**366 073**	**400 883**	**294 164**	**974 440**	**197 529**
173 817	345 899	35	349	20 460	202 446	210 325	248 301	561 075	39 474
2 265	3 855	1		305	7 854	2 721	3 053	16 122	1 306
52 493	64 180	6	2	4 817	56 561	23 528	15 036	146 647	18 510
35 092	54 369			8 446	20 432	45 658	15 218	130 260	12 326
3 048	1 859		3	3 961	814	2 040	1 900	1 622	127
54 867	35 817		15	992	14 265	79 806	3 327	38 787	96 835
1 398	1 117			1 056	1 250	2 215	28	1 154	963
1 323	2 581			171	8 590	1 643	333	2 492	214
3 845	6 424	1		563	11 282	4 639	3 063	6 826	1 143
1 851	2 474	38	92	2 612	5 349	1 071	281	2 612	182
5 891	7 049	7	260	21 740	2 069	524	120	3 010	38
25 258	44 537	19	94	20 960	35 161	26 713	3 504	63 833	26 411

甘

甲		合计	性别		暂住时间			来	
			男	女	一个月以下	一个月至一年	一年以上	省内	
								市	县
甲		1	2	3	4	5	6	7	8
合　计	1	**1 836 440**	**1 205 893**	**630 547**	**349 162**	**948 624**	**538 654**	**328 129**	**926 243**
务　工	2	767 002	546 748	220 254	51 288	490 134	225 580	126 787	367 422
务　农	3	67 597	39 212	28 385	7 717	40 984	18 896	17 581	39 330
经　商	4	238 879	153 001	85 878	10 313	127 477	101 089	45 912	102 200
服　务	5	160 115	88 686	71 429	16 523	95 514	48 078	29 934	80 760
因公出差	6	24 121	15 710	8 411	19 312	2 845	1 964	4 600	13 930
借读培训	7	172 035	101 278	70 757	6 261	85 309	80 465	31 117	123 370
治病疗养	8	4 093	2 572	1 521	2 256	1 351	486	1 055	2 059
保　姆	9	4 858	159	4 699	492	2 517	1 849	1 605	1 799
投靠亲友	10	28 747	14 498	14 249	4 589	13 335	10 823	5 035	17 213
探亲访友	11	28 132	17 630	10 502	22 835	3 784	1 513	8 987	13 853
旅游观光	12	195 492	134 583	60 909	193 507	756	1 229	32 548	71 375
其　他	13	145 369	91 816	53 553	14 069	84 618	46 682	22 968	92 932

肃

自	地	区		居	住	处	所		
省外		港澳台	国外	旅店	居民家中	单位内部	工地现场	租赁房屋	其他
市	县								
9	10	11	12	13	14	15	16	17	18
215 498	**347 307**	**9 409**	**9 854**	**261 056**	**184 337**	**297 476**	**363 224**	**588 501**	**141 846**
98 097	174 651	1	44	6 618	45 500	128 067	286 510	261 588	38 719
5 190	5 496			740	31 160	5 118	11 052	13 265	6 262
32 887	57 880			7 602	24 777	24 721	19 693	143 106	18 980
18 139	31 282			5 321	13 058	38 540	15 179	77 571	10 446
2 427	3 164			20 422	394	1 808	401	939	157
8 167	9 364	1	16	5 356	18 933	75 793	5 207	42 333	24 413
261	718			438	1 067	1 813	5	733	37
876	574		4	32	4 044	8	5	717	52
2 642	3 830	1	26	356	16 910	1 799	904	3 944	4 834
1 784	3 494	1	13	16 500	9 496	303	572	949	312
34 740	37 678	9 405	9 746	193 103	939	156	59	539	696
10 288	19 176		5	4 568	18 059	19 350	23 637	42 817	36 938

青

甲		合计	性别		暂住时间			来	
			男	女	一个月以下	一个月至一年	一年以上	省内	
								市	县
甲		1	2	3	4	5	6	7	8
合计	1	**739 291**	**486 775**	**252 516**	**131 779**	**344 527**	**262 985**	**58 319**	**246 567**
务工	2	400 878	288 309	112 569	56 727	224 267	119 884	26 746	141 554
务农	3	30 054	20 002	10 052	3 001	7 086	19 967	3 960	17 036
经商	4	113 314	75 775	37 539	14 432	44 498	54 384	10 829	28 381
服务	5	43 842	19 106	24 736	5 805	18 552	19 485	6 625	21 729
因公出差	6	10 977	6 769	4 208	9 149	1 638	190	858	1 553
借读培训	7	11 197	6 077	5 120	286	5 740	5 171	1 109	7 674
治病疗养	8	1 991	1 121	870	802	820	369	96	1 285
保姆	9	1 022	12	1 010	90	527	405	89	283
投靠亲友	10	8 924	3 621	5 303	1 450	2 957	4 517	910	3 545
探亲访友	11	4 573	2 228	2 345	1 913	1 544	1 116	409	1 498
旅游观光	12	76 625	39 991	36 634	31 401	19 822	25 402	2 916	10 801
其他	13	35 894	23 764	12 130	6 723	17 076	12 095	3 772	11 228

海

自地区				居住处所					
省外		港澳台	国外	旅店	居民家中	单位内部	工地现场	租赁房屋	其他
市	县								
9	10	11	12	13	14	15	16	17	18
134 066	**300 194**	**68**	**77**	**90 349**	**76 835**	**84 834**	**189 719**	**225 128**	**72 426**
49 882	182 670	16	10	6 224	33 687	58 555	168 253	113 036	21 123
2 266	6 792			43	3 661	1 323	3 105	14 092	7 830
23 836	50 251	5	12	10 357	11 182	9 355	4 779	67 015	10 626
5 378	10 104	1	5	931	7 043	4 959	7 287	18 051	5 571
4 524	4 042			8 578	63	1 448	250	379	259
598	1 790		26	104	4 416	4 615	41	297	1 724
137	473			312	191	188	3	1 003	294
487	163			85	408	18	38	80	393
1 050	3 419			206	7 219	267	187	417	628
869	1 797			862	2 616	167	178	508	242
36 476	26 388	42	2	61 132	4 446	1 624	830	3 395	5 198
8 563	12 305	4	22	1 515	1 903	2 315	4 768	6 855	18 538

宁

		合计	性别		暂住时间			来（省内）	
			男	女	一个月以下	一个月至一年	一年以上	市	县
甲		1	2	3	4	5	6	7	8
合计	1	**259 634**	**186 190**	**73 444**	**15 346**	**142 294**	**101 994**	**48 606**	**70 346**
务工	2	152 584	113 095	39 489	6 423	92 182	53 979	27 300	40 135
务农	3	15 255	11 411	3 844	710	9 406	5 139	2 608	4 694
经商	4	41 877	31 026	10 851	1 413	17 749	22 715	8 644	9 946
服务	5	32 441	18 359	14 082	1 107	14 491	16 843	7 520	11 817
因公出差	6	1 158	1 043	115	1 060	90	8	390	289
借读培训	7	2 861	1 770	1 091	109	2 403	349	744	709
治病疗养	8	357	277	80	352	4	1		353
保姆	9	165		165	4	46	115	5	28
投靠亲友	10	1 570	1 013	557	133	1 023	414	275	356
探亲访友	11	316	168	148	91	214	11	80	36
旅游观光	12	3 587	2 771	816	3 562		25	487	124
其他	13	7 463	5 257	2 206	382	4 686	2 395	553	1 859

夏

自地区				居住处所					
省外		港澳台	国外	旅店	居民家中	单位内部	工地现场	租赁房屋	其他
市	县								
9	10	11	12	13	14	15	16	17	18
54 119	**85 607**	**211**	**745**	**5 873**	**28 686**	**62 497**	**58 357**	**96 423**	**7 798**
28 419	56 730			388	12 050	39 840	46 038	51 478	2 790
3 491	4 462				5 273	1 988	1 188	5 936	870
11 199	12 088			184	3 892	10 689	5 726	19 787	1 599
6 857	6 247			241	4 760	8 367	4 704	13 670	699
81	75	60	263	811	7	337	1	2	
428	978		2	521	594	525	1	1 125	95
	4			50	306			1	
15	117				165				
525	413	1		8	842	169	142	407	2
149	51			15	131	36	64	68	2
1 894	452	150	480	3 562	12			3	10
1 061	3 990			93	654	546	493	3 946	1 731

新

甲		合计	性别		暂住时间			来……	
								省内	
			男	女	一个月以下	一个月至一年	一年以上	市	县
甲		1	2	3	4	5	6	7	8
合计	1	**7 563 989**	**4 719 862**	**2 844 127**	**4 372 380**	**2 340 945**	**850 664**	**1 011 790**	**1 816 985**
务工	2	2 311 602	1 563 146	748 456	660 251	1 233 644	417 707	268 151	597 537
务农	3	512 860	309 151	203 709	87 008	321 968	103 884	33 441	191 917
经商	4	825 538	487 588	337 950	516 898	187 194	121 446	101 993	230 678
服务	5	177 992	84 476	93 516	44 537	84 211	49 244	27 208	53 063
因公出差	6	508 750	343 784	164 966	434 402	68 311	6 037	80 511	140 025
借读培训	7	72 715	41 870	30 845	21 197	17 608	33 910	14 868	34 088
治病疗养	8	53 784	28 601	25 183	27 063	22 745	3 976	16 159	18 588
保姆	9	3 098	447	2 651	306	1 336	1 456	461	999
投靠亲友	10	52 192	25 670	26 522	22 499	20 260	9 433	9 298	14 434
探亲访友	11	123 424	73 244	50 180	74 539	25 003	23 882	23 941	34 714
旅游观光	12	2 230 189	1 344 993	885 196	2 090 390	133 314	6 485	324 717	340 675
其他	13	691 845	416 892	274 953	393 290	225 351	73 204	111 042	160 267

疆

自地区				居住处所					
省外		港澳台	国外	旅店	居民家中	单位内部	工地现场	租赁房屋	其他
市	县								
9	10	11	12	13	14	15	16	17	18
1 898 356	**2 662 803**	**25 653**	**148 402**	**4 642 901**	**489 512**	**428 829**	**399 230**	**1 165 513**	**438 004**
355 547	1 090 245	18	104	818 197	145 329	272 363	345 070	637 697	92 946
42 073	245 428		1	27 418	197 951	53 080	27 111	153 492	53 808
162 398	239 538	147	90 784	643 538	23 669	15 029	5 370	116 932	21 000
30 420	67 275	8	18	53 740	18 809	23 472	3 918	70 595	7 458
127 813	160 202	73	126	477 000	2 767	16 549	404	10 408	1 622
8 255	15 181	2	321	24 227	4 793	14 695	328	6 480	22 192
7 897	9 052	4	2 084	34 774	9 267	2 668	11	3 982	3 082
493	1 145			527	1 208	70	24	1 234	35
9 874	18 517	22	47	15 474	24 238	1 515	1 489	7 547	1 929
26 731	35 150	104	2 784	83 051	27 887	1 164	1 541	7 017	2 764
982 772	504 715	25 258	52 052	2 030 262	9 882	5 188	1 139	17 537	166 181
144 083	276 355	17	81	434 693	23 712	23 036	12 825	132 592	64 987

主要指标解释

1. 暂住人口：指离开常住户口所在地的市、县到其他市（不含市辖县）、乡（镇）居住3日以上的人员。

2. 市：指经国务院批准设置的市级行政区，包括省（自治区、直辖市）辖市和地（州、盟）辖市。

3. 县：指国务院批准设置的县级行政区。

4. 务工：指从事工业、手工业、建筑业、运输业等劳务人员。

5. 务农：指从事种植业、养殖业、畜牧业等人员。

6. 经商：指从事经营贸易等人员。

7. 服务：指从事商业、饮食业、修理业等人员。